压垮世界的泡沫

［美］加雷·加勒特（Garet Garrett）＿＿著

斯凯恩＿＿译

A Bubble that Broke the World

地震出版社
Seismological Press

图书在版编目（CIP）数据

压垮世界的泡沫 /（美）加雷·加勒特
(Garet Garrctt) 著 ; 斯凯恩译 . -- 北京 : 地震出版
社 , 2021.6
书名原文 : A Bubble that Broke the World
ISBN 978-7-5028-5215-3

Ⅰ . ①压… Ⅱ . ①加… ②斯… Ⅲ . ①经济危机—研
究—美国 Ⅳ . ① F171.244

中国版本图书馆 CIP 数据核字 (2020) 第 230555 号

地震版 XM4641/F（6015）

压垮世界的泡沫

［美］加雷·加勒特　　　著
斯凯恩　　译
责任编辑：李肖寅
责任校对：王亚明

出版发行　地震出版社
　　　　　北京市海淀区民族大学南路 9 号　　　　　邮编：100081
　　　　　发行部：68423031　　68467991　　　　　传真：68467991
　　　　　总编室：68462709　　68423029　　　　　传真：68455221
　　　　　证券图书事业部：68426052
　　　　　http : //seismologicalpress.com
　　　　　E-mail : zqbj68426052@ 163.com
经销　全国各地新华书店
印刷　北京彩虹伟业印刷有限公司

版（印）次：2021 年 6 月第一版　2021 年 6 月第一次印刷
开本：710×960　1/16
字数：166 千字
印张：13.5
书号：ISBN 978-7-5028-5215-3
定价：55.00 元
版权所有　翻印必究
（图书出现印装问题，本社负责调换）

译者序

　　自2008年由美国次贷危机引发的全球金融危机爆发后，全球经济难以摆脱低迷状态，经济增速始终未能恢复到危机前的水平。2020年，新冠肺炎疫情这只"黑天鹅"来袭，再一次对全球经济产生了负面冲击，世界各国经济低增速、低利率特征进一步凸显和强化，本就已经面临多重风险与挑战的全球经济更是雪上加霜。这不禁让人想起了1929年那场人类历史上的经济大萧条。重读那段历史，或许可以帮助我们找到重振经济的密码。

　　第一次世界大战结束后，人们猛然发现全球正陷入衰退的泥淖中，各国政府为了恢复生产，纷纷出台贸易保护主义政策，彼此之间大举借债的现象频繁发生。美国政府向欧洲提供的债券额度远远超出美国银行家们的想象。大量货币被注入全球贸易体系，泛滥的货币和由此造成的产品过剩击垮了全球贸易体系。这段历史今天回顾起来仍发人深省，意味深长。时光荏苒，时代变更，今天我们回过头来反观当时作者论及的现象，依然如此真实。

　　《压垮世界的泡沫》原著成稿时间为20世纪30年代初，那时美国刚发生有史以来最为严重的股市崩盘，并由此引发了大萧条。1929年的大萧条让美国及全世界陷入惊恐中，人们都在讨论是什么原因导致了有史以来波及面最广的一次金融灾难：是因为人们的贪婪和恐惧？是无法遏制的投机风潮？加雷·加勒特在书中坦诚地向全世界读者揭开了其中的秘密。

《压垮世界的泡沫》系统地分析了20世纪20年代美国的金融状况，描述了欧洲各国在第一次世界大战期间及战后向美国政府及私人大举借债，最终超越了其还债能力而导致的金融大崩盘的过程，其间还涉及欧洲与美国之间关于如何解决战争债务那段错综复杂的历史及政治、文化等方面的纠葛。在出版后的第二年，也就是1932年，该书受到了人们的追捧，而这本书多次再版也证明了书中的观点被大众所接受。尽管时光飞逝，但该书的观点历久弥新。作者将那次泡沫的破灭归于债务之山的倒塌，他敏锐地指出，"一战"之后，美联储全力开动印钞机，美国向其欧洲盟国甚至敌对国提供了天量的借款，使欧洲国家迅速恢复生产。全球贸易建立在信贷不断增加的虚假繁荣上，扭曲了社会生产结构。在这种不正常的情况下，快速发展的全球贸易注定迟早都将爆发危机，而危机只是为了纠正人们之前那些异想天开的错觉。

在金融衍生品交易技术中有一条铁律——历史会重复，但不只是简单地重复。数百年来，人们挖空心思想要从那些价格轨迹中探寻出某些昭示真理的蛛丝马迹，这种新瓶装旧酒的老把戏一次次地戏弄着所有人。我们都知道历史会重演，但没有人能看出它将会以怎样的方式重演，人们更多的是扮演"事后诸葛亮"的角色。读者阅读本书时，不妨回想一下还没有完全被人们遗忘的2008年的次贷危机，看看书中的场景是否有似曾相识的感觉。

感谢加勒特先生为我们献上了如此精彩的著作。阅读《压垮世界的泡

沫》，不是为了追忆历史，而是以史为鉴，反观当下市场，使我们能够成
为积极的应变者，在未来更好地生存。

斯凯恩

2020年5月15日

前言

　　本书中谈到的一些事情，绝大多数在过去一年中的《星期六晚报》（*Saturday Evening Post*）上刊登过，只不过叙述形式有些不同而已。本书以倒叙形式进行描述，以便读者可以从现在往回看。一般来说，报纸已经刊登过的文章不能直接为书籍所用，但从另一角度考虑，一本书的内容应当具备即时性，而报刊上的文章恰好具有这种特性。这样做的好处是读者可以看到一本由毫无关联的各部分内容组成的书，每一部分都能独立成章，相当于一本合集，每一部分都有独立而引人入胜的话题。本书的这种特点一部分来自话题本身的独特性，一部分来自我们曾经忽略的一些内容，而这些内容又和形式无关。

加雷·加勒特

1932年6月1日

目　录
CONTENTS

第一章

泡沫的根源

上帝赐予人类智慧，人类却用它创造出了信贷。

群体性错觉往往贯穿于人类历史长河中，这种情况并不罕见，引起错觉的类型为人所熟知，由错觉迅速转化而成的"狂热"也是如此。狂热一般呈区域性分布，就像多年前荷兰人疯狂地喜欢郁金香，或是华尔街对

荷兰的郁金香花田。"郁金香泡沫"是人类历史上第一次有记载的金融泡沫。16世纪中期，人们将郁金香从土耳其引入西欧，不久以后，欧洲人开始对这种植物产生了狂热。到17世纪初期，一些郁金香珍品卖到了令人咋舌的高价，富人们竞相在他们的花园中展示最新和最稀有的品种。到17世纪30年代初期，这一时尚导致了一场经典的投机狂热，人们购买郁金香已经不再为了其内在的价值或作观赏之用，而是期望其价格无限上涨并以此获利。

股票的狂热。但是，对每次影响整个世界心态的错觉，人们都无法事先预料，其认识也比较模糊。

关于信贷方面的错觉，我们可以从以下方面进行分析。从信贷的性质来看，在观念上债权人与债务人之间存在一条明显的界限；从借贷关系来看，有一个不合理的事实始终存在：十多年来，债务人和债权人都陷入同样的错觉之中。从诸多方面来看，正是放款人的愚蠢行为助长了借款人的挥霍无度。

或许我们可以用三个常见的特征勾勒出群体性错觉的轮廓。

第一个特征，即解决债务的万全之策是信贷。当前的债务规模是从第一次世界大战后开始形成的。毫不夸张地说，假如没有信贷支持，战争无法持续超过4个月；有了信贷的支持，战争得以持续4年之久。是信贷带来了战争的胜利，而胜利的代价是债务数额的惊人增长。欧洲所欠下的战争债既有国内的，也有国外的，而美国的战争债仅限于国内。美国是唯一没有对外举债 的参战国，非但没有对外举债，还给欧洲盟国提供了至少100亿美元的借款，相当于它在战争中投入的军费数额。这仅仅是欧洲各国政府欠美国财政部的债务，除此之外，欧洲各国政府之间互相借贷，还向本国人民举债。欧洲各国处理国内外债务的办法是继续借助信贷的帮助，它们请求美国向其提供数额巨大（这一数额在战前是难以想象的）的私人信贷，并且声称除非美国的信贷能帮助其摆脱巨额债务负担，否则将无法偿还欠美国的债务。

后来，欧洲各国欠美国的私人债务规模比原先的战争债还要高出许

1　举债就是国家、团体、个人凭借信誉筹集社会资金所担负的一种债务。——译者注

多，再加上利息，现在的战争债比签订和平协议时的数额还要大得多。这种情况在欧洲地区很普遍。战争结束后，高额的债务让整个世界的经济笼罩在恐怖的阴影之中，如何还债成了一个难题。你会发现几乎每个国家的中央政府及各级地方政府的债务都在战后成倍增长，债务总额非常庞大，而其中很大一部分债务的增加额是这些国家通过借取信贷偿还债务而产生的。

第二个特征，即一个如今被普遍接受的社会和政治学说。该学说的理论前提是人们在一定程度上拥有改善生活的权利。他们不能通过自己的努力立即改善生活质量，但改善生活是他们应有的权利，所以他们只能通过信贷的帮助来提高生活质量。为了避免让这个学说看起来不合理，该学说得出的结论是：如果信贷能提高人们的生活质量（如果信贷能够在短期内达到这一目标的话），那么人们就可以成为债务人[1]、消费者，最终心甘情愿地去还债。

可能有一半的西方政府（包括中央政府及地方政府）按照这一学说举债，而后果是破产或是深陷困境。之所以如此，首先是因为该学说损害了那些原本非战争债债务国的信誉、大发战争财国家的信誉以及战后新成立的国家的信誉。如今信贷不起作用了，原本由信贷支撑的高质量生活江河日下，政界一片惶恐，政府也是自身难保。政府该如何避免社会动荡？如何在失去信贷支撑后存活下去呢？人们该如何在没有信贷的支撑下维持那种被宣扬的权利保障中的生活呢？他们的生活水平会因此而倒退吗？答案是他们不会退却，反而会奋起反抗。于是，带有情感立场的言辞出现了，这些言辞并没有说人们有意要拒绝偿还被其大肆挥霍的信贷。当他们依靠

---

[1] 原文为债权人，可能是作者笔误。——译者注

画家詹姆斯·蒙哥马利·弗拉格所绘的购买战争债券的宣传海报。他在第一次世界大战期间画了很多著名的征兵宣传海报。图中的人物形象是"山姆大叔"，他手持美国国旗，手指作战部队。飞机在空中飞行，在云雾中前进。"山姆大叔"常被用来代指"美国"或"美国政府"，在美国、英国新闻界中使用较多。他同自由女神一样广为人知。

信贷过着难以维系的生活时，债务甚至会让他们身陷囹圄。如果他们通过省钱的方式来还债，那就意味着生活质量可能会下降；如果他们拒绝还债，那么将会名誉扫地。在这种进退两难的情况下，甚至连债权人都被建议向他们提供更多的信贷支持是最理想的解决办法。

第三个特征，即认为信贷催生了经济繁荣。但是自从经济学形成以来，人们就认为繁荣是由财富增长和交换带来的，信贷才是繁荣的产物。

这种本末倒置的思维是产生信贷错觉的根源，它似乎使整个错觉变得合理起来。在这方面，最惊人的空洞胜利发生在国际金融领域。在这个领域内，人们普遍认为信贷的逐步增加可以扩大国际贸易规模，以此来解决国际债务问题。所有的债务国都要获得对自己有利的贸易差额¹，以便偿还外债。

一个国家的贸易顺差源于出口大于进口。每个国家都向其他国家多出口、少进口，都要保持贸易顺差，这显然不可能。那么怎样才能做到呢？只有用信贷来拉动需求，通过彼此给予信贷来购买彼此的产品。当然，各个国家不能同等借贷，每个国家都要根据自身能力去借贷。在这种情况下，美国无疑将是最主要的债权国。事实也的确如此。

美国以扩大对外贸易的名义，每年向欧洲国家提供超过10亿美元的贷款。人们不禁要问："为了扩大对外贸易，我们必须为客户提供贷款，让客户购买我们的产品，那我们的贸易顺差该如何实现呢？"

这个问题会得到如下反问："如果我们不借给他们钱，他们就没钱来购买我们的产品，那么我们的过剩产品又该如何处理呢？"

然而事实却是，欧洲国家利用美国提供的巨额信贷来提高自己工业设备的生产能力，使其达到和美国比肩的水平，想借此来生产大量有竞争力的出口品，所以有时人们又会问另外一个问题："难道我们不是在通过提供信贷来让欧洲生产与我们同样过剩的出口品吗？难道我们不是在通过提供信贷来帮助我们的竞争者增强实力，让它们的产品能在世界市场上与美国产品竞争吗？"

回答是："没错，确实是这样。但要知道，那些所谓能与美国竞争的国家，同样也是美国的债务国，它们欠美国很多钱。如果美国不向它们提

1　一国总出口与总进口之价值差额。——译者注

供信贷来增加它们的生产能力、增加产品出口，它们将永远无法还清欠我们的钱。"

关于债权国将如何演变的问题，如果还存在其他看法的话，那么就是一位杰出的德国思想家凭借其天赋，用逻辑方式克服了一个内部错觉的一切复杂联系。他便是德国国家银行前行长沙赫特（Schacht）博士。

由于相信"在对外贸易中，无限的信贷扩张可以创造出无限的世界繁荣"这一观点，我们把数以亿计的美国信贷提供给我们的债务人、竞争者以及顾客，并开始为落后地区的国家提供贷款，而这些信贷对象转手又将贷款借给其客户。比如，我们贷款给德国，而德国为了让俄罗斯购买其产品（包括化工产品），又把贷款借给俄罗斯。

对外贸易上的这种狂热持续了许多年，所有反映世界繁荣的统计数据曲线犹如长蛇一般，波幅不断疯狂上涨。其结果是，债务越滚越多，导致了世界历史上最为严重的一次贸易崩溃，那如长蛇一般的数据曲线也完全瘫软下来，最终滑入谷底。

在美国和欧洲各国，价值数百万的劳动力的信贷额被冻结在闲置的工业设备上了。这些设备之所以被闲置，是因为其生产的产品价格包含了工业支付债务的利息，而这一价格是人们负担不起的。有些国家可能会赖债，并开动设备肆意生产，然后把产品以低价输入世界市场，通过这种违规方式排挤众多竞争对手——显然每个国家都抱有这种想法，因此在冲动之下，所有国家都对外国产品设置高额的关税壁垒¹，使外国产品无法进入

1　关税壁垒是贸易壁垒的一种方式，主要通过征收高额进口税和各种进口附加税来提高进口商品的成本，从而削弱出口国的竞争力，以限制和阻止外国商品进口，起到保护国内生产和国内市场的作用。——译者注

本国市场。或许它们是出于本能反应才设置这些关税壁垒的，但这些现象预示着对外贸易需要重塑。外贸中竞争性产品间的交换将会下降，而非竞争性产品间的交换将会增加。你很可能会相信，对外贸易崩溃是由关税壁垒造成的，而不是信贷膨胀引起的，也不是一味试图通过信贷来促使国际出口总额大于国际进口总额，以便每个国家都保持贸易顺差，继而偿还自身债务引起的，正是这些愚蠢的想法，使人们一心只想出口，不想进口。

错觉发展的历程，即它们如何产生、如何发展、如何衰退以及消亡，是一项饶有趣味的研究。它们产生与发展的原因可能很容易寻觅，战争、新发现以及偶然事件，这三者造成了当前的局面。

通过这次战争，人们才发现美国惊人的生产能力——就连我们自己都感到惊讶不已。然而今天的美国人已经忘却了——这多么令人难以置信。在战争刚开始时，一想到欧洲各国为了筹集战争资金可能会抛售手中持有的美国债券，美国就惊慌不已。如果它们在纽约证券交易所抛售这些债券，那美国除了接盘之外毫无办法。

当时的欧洲持有将近50亿美元的美国债券，美国人一想到要从国外回购价值50亿美元的美国债券就感到恐慌，一些资深的华尔街国际银行家甚至建议美国政府暂停黄金支付。这件事反映出我们还不太了解本国的实力。谁都不会想到，美国除了购回欧洲所持有的美国债券——通过提高纽约证券交易所相关债券的报价，参与第一次世界大战期间花费了250亿美元，与此同时，还向欧洲盟国贷出了100亿美元以上的资金——所有的这些都是在5年内完成的。对世界而言，这好比在已开发的土地上发现了一块无比富裕的新大陆一样；而对我们自己而言，这简直是在自揭家底，令人十分震惊。

《华尔街之王》，1882年绘。从左至右为塞勒斯·菲尔德、拉塞尔·塞奇、鲁弗斯·哈奇、杰伊·古尔德、西德尼·狄龙、大流士·奥格登·米尔斯、威廉·范德比尔特、奥古斯特·贝尔蒙特、乔治·巴卢、詹姆斯·基恩。

碰巧的是，在沿着这条错误的信贷道路前进多年后，仅仅在世界大战爆发前的几个月，美国创造了有史以来最高效的信贷系统，即联邦储备系统（Federal Reserve System），并在1913年年底通过了创建该体系的法案。这个构想最突出的优势是首次考虑实行灵活的货币制度，货币是升值还是贬值完全由贸易和工业的需求来决定，以

1　美国联邦储备系统，简称美联储，负责履行美国的中央银行的职责。该系统主要由联邦储备委员会、联邦储备银行及联邦公开市场委员会等组成。——译者注

创造一个与工商业相适应的金融环境。起初，这个构想的确起到了一定效果，但是随着这一制度的运行，作为基础的国家银行体系和48个彼此独立的州银行体系的信贷资源原来是为商业提供资金，是通过季度和周期来运行的，现在却被用于其他目的——无论这些目的是投资、推销还是投机，等等。

新体系来得正是时候。如果没有它，美国就不会如此容易地回收欧洲所持有的债券，也很难为战事提供资金援助以及在早期为参战国提供私人贷款。对新体系的第一次考验来自英国和法国的5亿美元贷款，而在新体系刚刚应对这数亿美元的考验时，接连而来的考验是为美国政府提供数十亿美元资金。可以说，美国借这笔钱既是为欧洲盟国，也是为自己而借。

当战争结束的时候，美国无疑已成为世界上最强大的国家。它既拥有强大的工业生产能力，也拥有有史以来最出色的信贷系统。美国在这些方面无疑是十分强大的，而美国所走的道路也是非常独特的。

然而在我们当中，为数不多的"世界级智者"极力主张作为世界之公民，我们应该学会"以国际化的方式思考问题"——此前我们从未做到这一点。突然间，在形势的推动下，经验不足、没有合理改进的政策、没有一丝头绪的美国发现自己成了国际领导者。如果对"以国际化的方式思考问题"进行定义的话，其就是指不仅要考虑我们自己，还要顾及他人，因为大家同属于一个世界。而急于去接纳这一思想的我们做过头了——这一国际思维变成了优先考虑世界，考虑我们对世界上其他人应负的责任，而不是优先考虑自己。如果有一个国家真是这么考虑的，那么它肯定无法长期维持下去。这种论点还给了人们一种错觉：即便真的采取这种思维，只要这个国家能够保持理智，就照样能长期维持下去。

　　各种互不协调的影响因素共同造成了这个错觉，首先是情感方面的影响因素。停战两年后，美国政府还在向欧洲国家提供信贷，以此来帮助它们解决遇到的各种困难，甚至对曾经的敌人也提供贷款援助，而这些做法还得到了公众的支持；许多地方采用欧洲的乡镇模式。我们对欧洲复苏的担忧不仅仅体现在经济方面，还体现在情感方面。作为当时的政治思潮，国际主义思想在易于接受新想法的国民中流传甚广。与欧洲亲近的人们组建了诸多知名的团体，来支持以牺牲美国纳税人利益为代价的免除欧洲战债的诉求，这直接显示了极为有力的欧洲影响。正当他们极力宣扬"我们对恢复欧洲有着道德和经济上的无限责任"这一论点时，只有一种旧世界的声音在回荡着。这种声音以所有的欧洲语言形式不断回响，不管有意或无意，都宣扬了一种不切实际的信贷来源。它好像能够预测一样，最终美国财政带着标新立异的独特信条走向世界，其中一些是十分不合理的，却受到只在乎自身利益的美国工农业的强烈支持。当时的工农业深陷产品过剩的泥潭，于是便想当然地认为解决外贸困境唯一的办法是用美国信贷来购买美国产品。

　　美国工农业不关心买家到底是如何购买它们的产品的，只要有人付钱就行，最终我们每个人都要为这些产品买单，整个国家承担着私人投资者所遭受的损失。我们期望通过出口摆脱产品过剩的困境，可这却让我们耗费了很多钱。

　　如果我们只能通过提供信贷来处理过剩产品，那就说明我们此刻的幻想破灭了。一直以来，我们考虑的是为过剩产品提供信贷，但实际上根本不存在满足了整个人类需求后，产品还会过剩的问题。不可否认，我们确实生产了吃不完的食物，制造了开不完的汽车，但这些并非产品过剩的现象——除非你用一种特别呆板的思维方式去考虑。生产力本身有着多种消化途径。如果我们的产出能力超出了我们当前的需求，那么我们可以建造大型公共工程，以备将来使用；而不是生产出过剩的产品，然后通过对外贸易卖给其他国家。我们还可以通过经济和财政计划把过剩的生产力转化成存款储存起来，如同用蓄水大坝储备水资源以应对不时之需一样。我们可以用偿还公债这种方式来转化并储存这种生产力，以便未来出现紧急情况时，政府能有强大的自由借贷能力，不用为其财政预算忧心忡忡。可一直以来，释放生产力似乎像释放水库里的水一样更容易办到，但是想要存储起来就不那么容易了。

长久以来，我们考虑的都是如何处理过剩产品，为了处理掉这些过剩产品而不得不提供大量信贷，而这个国家中的低收入群体却没有足够的标

1929年，大萧条造成了大量人失业，生活窘迫。这些衣冠楚楚、看起来经济条件不错的男人在鲍威里教会排队，领取为失业者免费提供的咖啡。

准经济住房可住。他们对这些房子的需求巨大，却很难获得用于购置这些住房的信贷。然而，美国的信贷却可以随意借给其他国家，帮助它们实现这一目的。尤其是德国，用政府借来的信贷资金建造标准经济住房，以取代贫民窟，这样做也许不会赚钱，或者根本就不可能赚钱。如果我们把自己的信贷资金也用于此，即使这笔买卖会亏本，起码我们也还有标准经济住房。如果我们用自己的信贷资金来建造金字塔，起码还有金字塔可以让我们一饱眼福；如果我们把自己的信贷资金投入到私人以营利为目的的项目中，即便项目亏本，债权人至少可以请求司法长官通过出售项目财产来收回部分投资成本。虽然我们会损失掉一些信贷额，但起码整个项目依然存在。

如果我们把自己的信贷资金借给其他国家，让他们用这笔钱建造金字塔，那么我们在想看金字塔的时候，还要自己掏钱出国旅游；如果我们贷款给外国人，让他们用这笔钱建造高楼大厦、铁路干线以及发电厂，这些项目出现问题的话，我们也不可能派司法长官去将这些财产没收。米纳斯吉拉斯州（Minas Gerais）在哪里呢？我们不知道。我们只知道美国给米纳斯吉拉斯州提供了1600万美元的信贷，对方现在已经违约了，我们找不到当事人，也就没办法收回贷款。而得克萨斯州（Texas）的阿马里洛市（Amarillo）不同，即使它所借的1600万美元的美国信贷违约了，起码我们还能找到当事人。

不可否认，虽然美国的过剩信贷每年在海外蒸发掉的数额将近20亿

1　是巴西东南部的一个州，辖853座城市，面积约58.7万平方千米。——译者注

2　得克萨斯州，简称得州，是美国南方最大的一个州，也是全美第二大州，面积约69.6万平方千米，仅次于阿拉斯加州。——译者注

美元，政府把这些钱贷给那些我们从没有听说过的地方，有时还用于非公开目的，但是美国政府的国内公债数额同样庞大，许多城市和州借钱的数额已经超出了它们的还债能力。另外，美国的私人借贷也一样疯狂。尽管如此，知道与不知道你的债务人是谁是有区别的，知道与不知道这些钱的用途是有区别的。债权人在自己所在的国家可以提出没收债务人财产的要求，而他无法在得知巴西债券违约后采取有效行动——这两者同样是有区别的——这时的美国银行机构已经从销售债券变为巴西财政的代理人，因此，它将从美国银行机构手中收到通知单上的消息。

在美国发售的诸多债券中，巴西可能持有银行家出具的招股说明书中的其中一股，即美国发行的2500万美元（1922年中央铁路电气化项目的贷款）、有限期30年、7％利率的黄金债券[1]。如今这些债券已经处于违约状态，中央铁路离完成电气化还有很长的一段路要走。只有巴西人自己知道这笔信贷资金的用途，银行家们无从知晓，而债券持有者们对此束手无策。

那些外国债券的持有者肯定是出于信任才买了这些债券，除此之外，没有别的原因。个人投资者如何才能准确得到一个海外国家的经济资源，然后分析其财政预算状况，或是如何才能获取一家外国公司的私人账户信息，以此审查该公司的资产负债情况，然后判断它在某个领域的发展前景呢？

德怀特·W.莫洛（Dwight W. Morrow）先生曾是摩根大通集团（J. P. Morgan and Company）的一位国际银行家，曾担任美国驻墨西哥大使，

1　黄金债券是指由金矿公司所发行的债券，以一定量及成色的黄金为发行担保，所支付的利息也和金价正相关。——译者注

后来成为美国参议员，他曾就美国对外投资的科学性、大规模性、浪漫主义，个人投资者出现的信任危机以及银行家的道德责任等问题写过一篇论文。这篇文章于1927年在探讨国际事务的美国季刊杂志《国际事务》（*Foreign Affairs*）上发表（同年，美国对外贷款额超过了美国本土各州及其他基层政区的借款总额）。这篇文章发表后很快成为经典之作，为所有想在理论或者哲学层面解释这种行为的人所引用。在写这篇文章前，莫洛在一列火车上，阅读一份芝加哥报纸。他看了看刊登在每日债券专栏中的债券信息，其中共列有128只债券，而他通过询问得知，10年前仅有6只债券，

1918年，宾夕法尼亚州匹兹堡，商人们与一台巨大的西屋发电机合影。

于是，他写道："在仔细查看了这冗长的128只债券列表后，我发现其中有30个不同国家的政府、自治市政府或是企业发行的债券赫然在列——它们遍布世界各地。这个列表同样涉及下述国家：加拿大、古巴、巴西、阿根廷、智利、秘鲁、玻利维亚、乌拉圭。列表上的某些国家和地区曾是美国的盟友，有些则曾与美国为敌，有诸如日本及荷属东印度等政府，也有相隔数千里的哥本哈根、蒙特维的亚、东京、马赛等诸多城市。"

"有关美国海外债券投资的范围以及种类我脑海中产生了三个疑问：到底是谁购买了这些债券？他们为什么要购买这些债券？购买这些债券后他们得到了什么？"

随后莫洛对这些问题做了回答。关于第一个问题，即谁购买了这些债券，依据有关数据资料来看，他的结论是80%是小投资者在购买这些债券，数额从100美元到5000美元不等。对于这一点，他写道："这些外债投资其实就是投资者的储蓄。他们的日常开支比自己的收入要少，因而能省下一部分资金借给国内或国外借贷者……我们所谈及的那些购买外国债券的投资人并不是纽约、芝加哥或是波士顿的某些大型机构投资者，而是教师、军官、村医、记录员以及普通职员。"

关于第二个问题，即他们为什么要购买外国债券，莫洛写道："数据不具有任何分析价值……绝大多数投资者所关心的事情首先是本金的安全，其次是利息率的高低。我们必须知道，投资者一旦进行投资，只能放弃一些原本应该享受到的东西，投资者去投资，为的是在去世之后他的家庭能多一些保障，子女们能够读得起大学。这类投资者想确定能否从购买的债券中获得持续收益，既想获得丰厚回报，又想确保资金安全，最重要的是，他们想在债券到期时全额收回本金。当然，我们承认自己的投资会受到情感因素的影响——它也确实影响到了我们。在道威斯计划（Dawes Plan）出台后，许多美国人纷纷购买德国债券，这不仅是因为德国债券的利率十分诱人，本金看似安全，还因为这些投资者觉得自己正在参与到一个帮助欧洲复苏的好项目中。情感因素的确有着合理的成分，不过莫洛先生认为投资者首要考虑的因素应当是安全。他写道："如果是这样的话，投资者应怎样从安全投资的角度出发做出合理的判断呢？如果这样去问投资者，我想他投资的主要原因是相信向他提供这项投资建议的那些银行家们，因此，这使得银行家们肩负着很大的责任。"

关于第三个问题，即购买外国债券的投资者得到了什么，莫洛接着写道："1924年，西部某个城市的40名投资者分别投资100美元购买了一只1954年到期的债券。这些人从这项投资中得到了什么呢？他们得到了一个承诺，而做出这个承诺的一群人来自地球另一端的日本。另外，就关于支付债券本金这个承诺而言，一些承诺者竟然不需要在他们的有生之年兑现，而是由他们的子女兑现。然而提供这只债券的银行家和购买这只债券的投资者都依靠日本人对其下一代进行征税，再把债券的本金偿还给这些投资者的子女。乍一看，这个想法是非常令人吃惊的，尤其是在当时这些人认为世界各国之间缺乏信任的情况下。然而在手中这份中西部的报纸上，我们今天却看到了有128只外国债券在发售。美国人正在抽出购买商品和服务的钱，然后把这些钱的使用权交给那些国家。作为回报，他们仅得到了一个承诺。有人可能要问：只有一个承诺吗？可能还有人会这样想：

---

1 道威斯计划又称为道斯计划，1924年4月，以C. G. 道威斯为首的专家委员会拟定的一项旨在解决德国赔款问题的计划。该计划主要用以缓解德国因《凡尔赛条约》赔款而承受的巨大财政压力，试图用恢复德国经济的办法来保证德国偿付赔款。——译者注

至少还有个承诺。那些确实需要建设资金而向美国借钱的国家，那些有民族团结感、知悉国家信贷的意义和价值的国家，那些借贷并没有超过其自身偿还能力的国家——所有的这些国家也许能够偿还它们的债务。推荐投资项目的银行家肩上承担着重要的责任。银行家应当避免在追逐利益或追求名声的诱惑下，推荐一项不被他看好的投资项目。"

两年后，这块"水晶"破裂了，美国海外投资遭受的损失不计其数。

那些华尔街顶尖的银行及其旗下的债券销售机构向投资者推荐的、最新发行的债券中，单单是拉美国家债券，就有近45只、总额高达8亿美元的债券处于违约状态，其他尚未违约债券的命运也是前途未卜。在欧洲，战争债偿还和支付赔款普遍中止了。德国单方面停止的赔付，奥地利和匈牙利紧随其后——战争债和私人债务陷入了有政治争议的大泥潭中。在这种情况下，美国当前或最终的投资价值尚不明朗，纽约证券交易所报出的德国中央政府债券价格是每股30~60美分，普鲁士州的债券价格是每股25美分，柏林市的债券价格是每股20美分，而匈牙利的债券价格是每股15~40美分，欧洲诸多工业企业的债券价格也大同小异。这些就是在随后五六年里以每股90美分、95美分以及100美分出售给美国投资者的债券。

后来，许多国际银行家陆续接受了美国参议院委员会的质询，这些银行家都说自己先前很看好这些债券，但都拒绝进一步承担责任。他们此前并没有对债券做出任何担保，当然也不能保证这些债券的合法性。他们对资金的用途或是否被滥用不负任何责任，责任全都在购买者身上。至于美国对海外债券的狂热现象，是那些私人投资者在自作自受。

华尔街第二大国民银行首席执行官、世界上销售债券最疯狂的机构的负责人出现在了美国参议院金融委员会面前，他说道："我们是商人，我们只是从事债券行业的商人。"

最大的一家私有国际银行的一名工作人员对该委员会说道："我们的职业是商人，仅此而已。我们和所有其他行业的商人一样，不管是谷物行业、棉花行业还是别的什么行业。"

华尔街最大的国民银行（也是债券销售的大型机构）的行长接受了美国参议院生产委员会的质询。当时该委员会就成立全国经济委员会的问题对银行家举行了听证。参议院生产委员会询问该行长，银行家们在信贷崩溃前有没有去制止美国信贷的滥用。行长回答道："那时社会处处弥漫着投机的气息，投机者一心只想买！从事债券行业的银行家和经纪人满足了这种需求。换言之，你不应该让银行家来承担引发肆虐全国的投机狂潮的责任。我认为他们只是在尽力提供给客户想要的东西……在我看来，银行家就像杂货商一样，只是尽力提供顾客们想要的东西。"

后来，华尔街第二大国民银行行长又在华盛顿接受了两次质询——面对几乎同样的问题，即有没有在外国债券投资中滥用美国的信贷，他说道："可以这么讲，发生这种事的部分原因是公众对投资及投机的兴趣和狂热。此事的发生是由其他国家对资金的需求以及美国民众对在那些国家投资的欲望共同引起的。在这件事中，投资银行只是满足买卖双方需求的一个工具罢了。"

莫洛先生笔下的那些人——杂货商、商人以及"工具"是在自讨苦吃。他们突发奇想般购买海外债券的欲望是如此强烈，以至于即使他们每次都查看银行家的招股说明书，也可能不会去注意招股说明书底部的那几行小字："此通告所包含的信息部分来源于电文及其他官方途径。虽然这些信息的真实性无法得到保证，但我们认为它们是准确可靠的。"甚至，连银行家都保证不了信息的准确性。

参议院金融委员会此前就已掌握了银行家们的交易动向。它知道华尔街是如何发行海外债券的，这些海外债券又是如何从华尔街转手到个人投资者那里的。就像一般贸易那样，债券交易也有许多组成部分——至少有3种，有时会有4种——对应的参与者分别是制造商、交易商、批发商、零售商。

银行最先发现并首创了债券发行。比方说借款人是一个外国政府，银行从外国政府手里以每股90美分的价格大量购入某一种债券，在公开发售后的第10天支付这些债券的价款。接着，这家首创银行招揽了同行的两三家银行所组成的证券交易承销商，然后告诉它："这是个好东西，我打算以每股90.5美分的价格和你们一同分享。"如此一来，这个证券交易承销商便以每股90.5美分的价格承包了此债券的发行，这是第一个转手过程——从制造商转到交易商。随后，证券交易承销商组成一个大型批发商团体，以每股92美分的价格将这些债券卖出去，这是第二个转手过程。批发商的老本行就是零售贸易，它们对此非常熟悉。每个批发商手上都有全国各地债券零售商的卡片索引，这些卡片上记录着每个零售商能向其所在地区的银行机构及个人投资者出售多少某种债券的信息。通过信件、电话以及电报，批发商以每股94美分的价格把这些新债券转卖给零售商，这是第三个转手过程。接着，零售商把这些债券卖给公众，此时价格达到了每股96.5美分，这样零售商便能有2.5%的利润，这就是交接过程的最后一环，也就是第四个转手过程。

当一切就位时，证券交易承销商便在报纸上刊登这些债券的广告，同时在债券交易市场报出一个略高于零售价的公开报价，比方说每股96.625美分，这便是公开发售。投资银行把债券转卖给证券交易承销商，证券交易承销商又把债券转给批发商，批发商再把债券批发给零售商，然后数千个债券销售员开始对小镇银行的行长们及莫洛先生笔下的那些人展开游说，让他们购买债券。债券售出后，资金开始从四面八方的投资者手中流向华尔街。公开发售后的第10天，批发商与证券交易承销商清算账目，证券交易承销商与首创银行机构结清账目，外国政府得到了所需的资金。在债券发行的各步骤中，价格会有所波动。如果债券的发行量小，但利润丰厚，投资银行可能会自己担当交易商的角色，直接联系零售商或者批发商，这样一来就只有3个步骤了。尽管有这些微小的变化，但以上的交易方式仍然是通用的。

由此可以看出，华尔街的银行家们唯一面临的风险就是如何判断公众的需求。如果他们的判断正确，就能在外国政府拿到资金前售出债券并获得收益。这种美好的结局也就解释了所有的债券机器是以何种速度，在何种高压下运转的，委员会能够理解所有的这一切。就国际银行家认为自己如同杂货商，美国民众对其产品有着狂热的需求这一观点而言，委员会能理解华尔街的银行代表们为何会如此乐此不疲地在全世界奔走，不遗余力地向外国政府、外国城市、外国企业推销美国信贷，竭力说服它们发行债券来满足美国人的这种需求，能理解为什么曾出现29个不同银行的代表游说同一个拉美小国到华尔街去发行债券，甚至能理解为什么美国银行家会私底下给那些可以让他们获得新股发行机会的国外名流人士支付大量佣金，其实就是行贿。委员会很高兴获得了一家私有银行行长对这一错误事实的坦承，他说道："是的，可这些事情并不是只发生在拉丁美洲，而是发生在全世界，其中还牵涉中央政府、市政府以及工业的利益。换句话说，美国的资本积累需要找到一个出口释放出去。银行家们就是这一出口的工具，他们是资本的提供者。现在看来，这些银行家如此激烈地竞争完全是错误的。但我所指的并不是道德上的错误。"

但是，所有能够用来证明这种观点的简单证据似乎让事情变得更加模糊不清，委员会对此感到十分焦虑不安。既然美国投资者存在能驱使商业银行家们满世界寻找借贷者的狂热需求，那为何银行家们还要采取密集的商业营销手段来推销他们的产品呢？人们不禁会想，这些债券是很容易销售的，甚至销售的速度比它们上市的速度还要快，那为什么还要为外国债券做昂贵的广告宣传呢？为什么要让收费颇高的销售机构挨家挨户去游说呢？甚至有时还通过在广播上大肆吹捧来把债券硬塞到投资者手上呢？这些问题似乎总让目睹银行家活动的人感到很不踏实。关于上述问题，参议院委员会从华尔街最大银行机构的行长那里得到了明确的回答。该行长说道："确实如此，推销技巧和广告无疑能够促进营销。但如果产品没有销售市场，民众不愿意买，那么银行家就无法从广告等营销手段中获益。"

不过有一点是确定无疑的：美国政策没有在背后干涉这种债券的销售。除了美国政府提供给欧洲盟友的贷款外，还有惊人的约150亿美元的美国私人贷款借给了外国——这些并未受到任何政策的引导。

如果说国务院确实介入过对外贷款的话，那也只是模棱两可的表态而已。政府只明确公开表态过一次，这也就成了国务院与对外贷款扯上关系的开始。当美国财政部停止直接向欧洲国家提供战后贷款时，这些国家便纷纷把目光转向了华尔街，开始从这里借入大量的私人信贷。与此同时，它们拒绝去美国财政部，按照战争贷款合同上的有关条款，把战时的承兑期票转化为长期债券。因此美国政府宣布将不会向那些不愿遵守合同条款的国家提供私人贷款。然而，美国政府并不能禁止这些国家在华尔街借贷，只能表达不满，不过这已经足够了。之后，各债务国纷纷来到美国财政部，按照战时签订的条款处理了它们欠下的战争债。

从此美国有了在外国债券发行前先提交国务院过目的惯例，以此查探政府对此是否存有任何政治上的反对意见，这一惯例一直延续到现在。如果政府不反对，那么国务院会说没意见，债券发行就可以继续进行。但是国务院的意见不具任何建议性，而且是不公开的。当国务院说它对某种外债的发行不表示政治上的反对时，并不意味着它同意了这项融资或者对此承担任何道德责任。尽管银行家们都明白这一点，但由于当时几乎所有人都知道外债发行要先提交国务院过目，不知出于何种原因，人们渐渐认为是国务院批准了这些债券的发行，这显然与事实不符。

实际上，政府确实非正式地对华尔街要进行的用于法、德两国对碳酸钾垄断项目的贷款融资提出过反对意见。在除银行家的其他人眼里，反对的缘由很明显。战前，普鲁士垄断了碳酸钾，全世界都得依赖德国来供应这种不可或缺的肥料。德国的军国主义分子也盘算过如何在战争胜利后利用这一点来统治世界。但是在战后，通过夺回阿尔萨斯（Alsace）和洛林（Lorraine），法国获得了阿尔萨斯的碳酸钾矿床。法国和德国同意联合垄断碳酸钾市场。战争期间，美国的碳酸钾原料价格从40美元/吨猛涨到了400美元/吨，因为德国的供应被切断了，而美国又急需碳酸钾。而仅仅10年后，正当美国努力发展自己的化工技术，提炼本土碳酸钾来作为国家的重要资源时，如果不是政府出面反对，华尔街可能已经借出2500万美元的信贷资金去帮助法国、德国加强它们的碳酸钾垄断地位了。

同所有没有利益瓜葛、头脑保持清醒的观察者一样，美国政府总对实施道威斯贷款计划后，德国在华尔街的大肆借贷行为感到惴惴不安。首先，如果德国继续扩大其海外私人债务，那么这些债务的偿还就很可能会与德国对法国、英国、比利时以及其他国家的债务偿还发生冲突，最终结果也确实如此。其次，德国如此无限制地借款会把其整个金融业带向破产，后来的结果也证明了这一点。很明显，没什么能够阻止这一切。

负责道威斯计划中偿付美国赔款的总代理人帕克·吉尔伯特（Parker Gilbert）先生，曾公开致信德国政府表示抗议，他在信的结尾处这样写道："我尽可能在前面几页罗列出为数众多的显示德国政府机构过度开支、过度借贷的证据，以及一些越发清晰地显示人为刺激经济和过度扩张的迹象。如果任其发展而不加以管制的话，这种趋势必然会导致严重的经济反应及经济萧条。另外，这很可能会加深人们这样一种印象，即德国的所作所为没有遵照其应尽的赔偿义务。"

然而，这改变不了什么，华尔街无视这一警告。1926年11月3日，吉尔伯特先生在巴黎再次致信美国的银行家们，他在信中写道："一直以来，我对美国银行家们完全根据德国对《凡尔赛和约》（The Treaty of Versailles）第248条的理解，来向公众提供德国诸州的债券这种轻率行为感到万分惊讶。当然，从德国诸州的金融当局那里获得表明德国观点的文件是易如反掌的。我可以不费吹灰之力就能知道德国当局是多么乐意签署表明德国观点的文件，可让我很难理解的是，美国银行家们

---

1 《凡尔赛和约》，全称《协约国和参战各国对德和约》，是于1919年6月28日协约国与德国在巴黎凡尔赛宫签署的和平条约，1920年1月10日正式生效。条约规定：德国负责向协约国赔偿在战争中遭受的损失；德国的人口和领土均减少约10%；没收海外属地，缩减军备等。中国基于山东问题和国内爆发五四运动等因素，最终没有签署《凡尔赛和约》，但与德国另签订和约。美国则因其国会表决多数反对，所以也没有签署《凡尔赛和约》。——译者注

根据此类信件向公众推荐德国债券时，却没有给予丝毫提示协约国政府不接受德国观点的这一事实。实际上，协约国的观点与德国的观点背道而驰。"

英格兰银行的威廉·利斯（William Leese）在分析了两项重大的德国贷款中美国投资者的态度后，对吉尔伯特先生的观点表示了赞同。他得到的结论如下："在这一点上，我认为这两只债券的招股说明书是完全不真实的，而且是带有误导性的。"其中一只债券来自汉堡市（City of Hamburg），另一只债券则来自普鲁士州。

尽管国务院没有对任何一笔德国贷款表示反对，它还是给华尔街的发行机构寄了一封信函，但并没有改变什么。信中说道："……当前我们尚不能断定总代理人及转交委员会将来的行为不会影响德国借款者偿还债务本息，但国务院认为你们应当进一步考虑《凡尔赛和约》中的第248条。德国中央政府及州政府的所有财产和收入要优先偿还赔款及其他条约款项……本院认为，你们在采取任何实际行动之前，要先处理好投资大众所面临的这些显而易见的风险。如果你们消除不了这些风险，那么本院认为你们应该好好考虑自己是否完全有责任向未来的客户说明情况。"

然而，只要政府不明确表示反对，华尔街就会继续发行德国债券，而且发行速度还在逐步加快，其中包括德国的州、市、区，工业、农业、港口以及任何德国机构所发的各类债券。此外，华尔街还向德国派驻了数百名代理，拉拢形形色色的客户来发行以美国公众为目标群体的债券。

在这些借给欧洲的贷款中，尤其在借给德国的贷款中，我们会有一种做出友好姿态的感觉。遥远的美国用巨额信贷来回馈其贫困的前辈（德国）。不管是莫洛先生在其笔下的众多小投资者中发现的这种情感游走到法国洛林市工业区鸟瞰图。1870 年普法战争后，德国从法国夺取了阿尔萨斯和洛林地区。阿尔萨斯是先进的纺织工业基地和发达的工矿业区。洛林的铁矿日后与鲁尔的煤矿一起成为德国最重要的重工业支柱，保证了德国钢铁生产国的地位，还直接影响到了德国机械技术的确立。

了华尔街银行家们的思想里，还是华尔街本身需要某种情感上的理由，都自然而然地想到了这些理由，但事实是银行家们自己对德国抱有坚定不移的信念。确实，当考虑德国赔偿款对他们在美国新创造的德国债务的影响时，他们可能会不禁联想到广为人知的德国对赔偿的看法，然而他们想的比这更多，他们还考虑了赔偿对战后出生的德国人在心灵和思想上所造成的种种影响。

这些是由参议院金融委员会中的一位最杰出的银行观察家察觉出的。他说："现在德国上大学的青年人在世界大战爆发时都还没有出生。这些青年人发现不仅他们自己要支付赔款，而且他们的子孙后代也要支付赔款，连续好几代人都要支付对他们来说完全没有责任的债务，他们觉得自己背上了沉重的枷锁。在我的印象中，他们对支付战争债极为不满。"

参议员里德（Reed）提了一个令人吃惊的问题："为何那些与战争毫无关系，甚至战时还未出生的美国人要支付战争债，发动战争的那些人的后代却不需要呢？"

银行家们的回答是："这确实是一个不好回答的问题，因为这个问题本身就带有争议。"

如果你曾在某个时刻让一位国际银行家回答美国有没有管理外债的相关政策，他会告诉你："当然有。"如果你问他这一政策是什么，他会回答："我们的繁荣越来越离不开对外贸易，将来也是如此。美国的对外贷款代表着我们对外贸的投资。"

这算不上一种政策，它不过是一种理念，一种存在诸多谬误的理念。我们并没有像法国那样制定相关的国家政策，规定借给其他国家的信贷应当在政治和经济上获得回报；我们也没有像英国那样把外债和国外合同捆绑在一起的习惯。美国提供信贷基于这样一种隐晦的设想：提供信贷后会带来贸易扩张，借款人在得到信贷后能自由支配这笔资金。

此外，美国的海外贷款在这方面确实促进了美国出口，但有谁事先考虑过该如何收回这些贷款呢？如果债务人用来偿还贷款的是我们并不需要的竞争性产品，除此之外他们没其他办法——这种情况若是发生了，又该如何是好？当我们把美国信贷资金借给其他国家来提高它们生产竞争性产品的能力时，这种情况势必会发生。问题是：如果美国继续对债务国的出口品设置贸易壁垒，那么我们究竟要通过何种手段收回贷款呢？甚至连借助美国信贷来购买我们的出口品，以此释放美国剩余资金的想法也没有得到贯彻执行。下面让我来举一些典型的例子。

美国政府一方面把筹到的资金低息借给自己的人民，让他们建造船只，用来扩大美国的商船队；另一方面，美国又向德国造船公司提供大量贷款支持，德国造船公司用这些贷款在德国的造船厂雇用德国的劳动力，使用德国的材料来建造船只，以此与美国造船业竞争。

一方面，美国的化学技术研究即将实现其研究目标，这样就能让美国摆脱德国的合成化学；另一方面，美国把信贷借给"德国染料托拉斯"（German Dye Trust）[1]，它用这笔钱加强了其在贸易或战争中的实力。

如果这些还算不上美国不应该出借信贷资金的例子，那么对外借出贷款对美国的外贸究竟有什么好处呢？把大量的信贷资金借给英国—智利硝酸盐托拉斯集团，并不能增加我们的贸易出口量，也不能使我们更快地

1　托拉斯是资本主义垄断组织的一种形式。通过这种形式，企业可以对该行业市场实现垄断，通过制定企业内部统一价格等手段来使企业在市场中居于主导地位，以实现利润的最大化。——译者注

1914年，女工下班后离开切萨皮克公司办公室的场景。切萨皮克公司成立于1889年，是美国最活跃的钻井公司。

掌握合成化学技术，以摆脱对进口氮肥及重要的硝酸盐化学品的依赖。而美国向德国和意大利公司提供信贷，帮助它们建造固氮工厂也是同样的道理。美国把4000万美元的信贷资金借给一家从事石油钻探开发的外国石油公司，其实并不算是美国对外贸的投资，借给荷属东印度用于支付其短期债务的1.5亿美元的信贷援助也是如此。人们很难解释把大量的美国信贷借给瑞典的巨头企业——火柴托拉斯，如何能促进美国产品的海外销售，因为该托拉斯又将贷款转借给欧洲政府，以获取垄断贸易特许权。而美国贷款给一个拉美国家使其有能力支付欠欧洲的军火费，则更难以找到哪怕一丁点有利于美国外贸的地方。或者还有一个例子，美国为一家德国银行提供2000万美元的贷款，而贷款的特定用途就像银行家们所说的那样，是"为德国出口企业提供资金"，不要指望这笔贷款会给美国的出口贸易带来什么好处。

一边，美国政府为扩大以及改善欧洲的农业规模、技术水平提供大量的资金帮助；另一边，美国政府却因为欧洲对美国谷物的需求下降而四处借钱来支撑本土的小麦价格，这也太自相矛盾了吧！站在双方农业的立场上，或许我们可以用虚情假意或者见利忘义来描述这一情景。不过可以确定的是，我们并没有政策来指导贷款。如果说我们要借钱给欧洲帮助发展它的农业，那么与此同时，我们应当在不对本国农业造成严重影响的情况下，用信贷和经济政策同比例收缩美国的农业规模。

只有当美国的工业产品需要竞争的时候，贷款给欧洲（尤其是德国），帮助其调整工业体系，向其大规模输出美国生产技术，才会让美国工业在外贸上获益。

然而，在所有美国对欧洲的信贷并不有助于美国出口贸易的各种原因中，最令人吃惊的是我们的债务人用我们提供给他们的贷款来支付欠我们的债务。美国对德国的贷款使其能够向协约国支付战争赔款，而德国的赔款又使协约国能够支付欠美国财政部的战争债利息。它们基本上用不着自己掏腰包，我们是用自己的钱来赔付给自己。长期以来，这种简单的模式被隐藏于精心设计的金融迷雾中，而且没有人愿意承认。一直以来，参议院金融委员会让银行家观察者们面对这一点。奥托·H. 卡恩（Otto H.

Kahn）给了一个绝佳的答复，他说："倘若德国没能借到钱的话，它早就无力支付赔款了，这点是毫无疑问的。所以，从这方面来讲，德国确实是用借来的钱去支付赔款的。"

最后，为了表明德国确实无力支付赔款，德国政府便公开宣布借来的

约翰·劳（1671—1729），18世纪时的法国金融家，路易十四时期的法国财政总监。

在1720年密西西比泡沫最高峰时，苏格兰人约翰·劳推动出售密西西比土地公司的股票，导致该公司股价上涨400英镑。图为爱德华马修沃德绘制的现代水彩画。

贷款都支付了战争赔款，如果德国后续借不到钱的话，那么将难以继续支付赔款。债务可能永远无法偿还，可能会被无限期推迟，那些不断加大对债务国贷款规模的债权国可能会不得不用自己的钱来为自己付钱——这便是信贷错觉的逻辑所在。

自从约翰·劳（John Law）主导了密西西比泡沫（Mississippi Bubble）

1　约翰·劳（1671—1729）是18世纪欧洲的一位金融家，以推行纸币而闻名。他认为纸币可以带来经济繁荣，在他的鼓吹下，法国政府大量发行纸币。受此影响，从1719年5月开始，法国股票价格连续上涨了13个月，股票价格从 500里弗尔涨到10000多里弗尔，涨幅超过了20倍。而纸币的泛滥最终也引发了剧烈的通货膨胀，法国的通货膨胀率由一年前的4%上升到1720年初的23%，高企的通货膨胀率直接动摇了民众的信心，人们纷纷抛售股票换取现金，并设法把纸币兑换成黄金。最终，法国股市于1720年5月开始崩溃，连续下跌13个月，跌幅为95%。这一事件史称法国密西西比泡沫。——译者注

后，许多怀揣诡计"新瓶装旧酒"式的人物不断涌现。你只要有呈立方式增加的债权人，用他们自己的钱支付他们那呈平方式增加的金额就行了；一段时间过后，你就成了富翁。

这种诡计的致命弱点就是运转不能停止。当新债权人加入的速度慢于旧债权人要求被偿付的速度时，这个链条就会断裂。到那时，诡计的实施者要么为此蹲监狱，如庞氏（Ponzi）[1]，要么选择自杀，如伊瓦·克鲁格（Ivar Kreuger）。这个诡计并没有什么新颖之处，却有史以来第一次使整个世界都卷入其中。

当幻想破灭的时候，所有人都立即积攒钱财，所有银行立即囤积资金，原来的债务依旧存在，因为这些债务从未被偿还。然而就在最近，我们还在考虑和讨论如何处理美国大量过剩的信贷，并由此得出结论：我们唯一要做的就是放贷。现在再回头看，这是多么荒谬啊！其实这本来就很荒谬。

我们过去、现在以及将来，长期面临的真正问题是怎样找到充足的信贷，以完成我们该完成的工作，只有这些才是我们眼下要着手做的事情。就像我们看到的那样，现在我们必须要全面更换我们的交通工具。在这一方面，我们的旧资本将面临巨大损失，同时也将需要补充巨额的新资本。我们已经知道必须要建立起各种资源间的联系，并合理地把它们整合起来，把煤炭、天然气和石油这三种碳氢化合物集中到几个大池子中，以使它们能够转化生成对生活、工业以及商业来说最佳的能源形式。在这些池子里，我们可以设法更充分地、更有效地分配能源，直到燃料、电、热以

1　全名为查尔斯·庞兹（1882—1949），出生于意大利，1903年移居美国，"庞氏骗局"便是以他的名字命名的。——译者注

及其他能量变得和水一样廉价。此外，还有许多城市需要改旧翻新。当然未来远远不止这个样子，这仅仅是为了适应当前已发生变化的生活方式和生活条件。我们必须让郊区摆脱自由扩张的无序状态，我们应该通过巨大的工程计划，把郊区纳入区域规划当中。

现代科学几乎每天都会创造出新材料和新方法，以史无前例的速度淘汰着旧事物。尽管物质上的进步随处可见，但是与当前的科学技术以及创造力形成鲜明对比的事实是：我们比上一代更落后，还有许多地方需要我们去赶超。虽然我们已经设计了许多宏伟蓝图，却由于信贷不足而停留在了纸面上。

第二章

大泡沫

那么，提供了所有这一切的究竟是谁呢？去寻找他吧，你将会看到这个"被遗忘的人"……他默默地奉献着，养活他的家庭，上缴税款，投票选举，资助教堂和学校，读着报纸，为他敬仰的政治家摇旗呐喊；然而他却是在这场争夺和财富瓜分中唯一一个没有得到任何东西的人。

——威廉·格雷厄姆·萨姆纳（William Graham Sumner）

只要有了劳动力和物质材料就能建造金字塔，古时候的世界经济是非常简单的。当然那时也有高利贷，但没有银行体系，没有信贷，也没有为建造金字塔向投资者发售让他们牵挂的融资债券，有的只是法老们的热血激情，对金字塔的痴迷以及左右劳动力的无上权力，还有就是足以使这些劳动力从农业转向巨大建筑工程所需的过剩粮食。

据史料记载，仅仅为奇阿普斯（Cheops）[1]修建金字塔就历时20年，动用劳动力10万余人。当这座金字塔竣工后，埃及可以向世人展示的不过是一座不动产而已。如果能好好利用这么多劳动力的话，比如说用于建造住宅、公共工程或者将其用于国防建设的话，那么通过这么多天的劳动，埃及人民的生活水平完全可以得到大幅提升，能让埃及文明具有更长久和更强劲的生命力。而这些劳动力却被用于建造金字塔，虽然法老通过金字塔而"永垂不朽"，但是这些劳动力再也无法收回了。人们无法使用他们自己造出来的东西，换句话说，金字塔并不能满足他们吃穿住行以及其他方

1　埃及第四王朝的第二位法老胡夫，希腊人称他为奇阿普斯。他下令修建了著名的胡夫金字塔。——译者注

面的需求，甚至连法老自己都无法将它出租或是变卖。

史料并未记载在奇阿普斯的金字塔工程完工后，这十万多劳动力何去何从。他们失业了吗？他们回到先前所从事的农业活动中了吗？如果他们确实转回头去从事农业活动的话，就像今天的埃及突然有四五百万人从工业转到农业的情形一样。

不管怎么说，你可以猜想在这座金字塔建成后，埃及出现了我们所说的经济危机。在这场经济危机中没有耸人听闻的数据，没有暴跌的股指，没有充满恐慌人群的证券交易所，也没有倒闭的银行，有的只是失业以及潜在的社会动荡，或许还有等待救济的人群。就像后来的每次危机一样，

胡夫金字塔位于埃及首都开罗西南约10千米处的吉萨高地，是埃及现存规模最大的金字塔，是法老胡夫的陵墓，也是世界上最大、最高的埃及金字塔。

法国最高权力的象征——爱丽舍宫。

这场危机最终由创造无法被消费的东西的那些人承受着。他们的劳动被这堆无法移动的石头吞噬掉了，而他们至多只意识到了一丝危机。他们就是"被遗忘的人"。

关于金字塔的这件事情总是蕴含着寓言般的真实寓意。尽管继埃及文明没落后，许多国度也已消逝，尽管自这座金字塔建成后，世界上又涌现出了许许多多以相同形式、相同手法以及相同权力构建的新奇迹，但是那些被遗忘的埃及人所遭遇的那一幕仍重现在当前的诡计之中。出于同样的原因，威廉·格雷厄姆·萨姆纳经典散文中的"被遗忘的人"也遭遇了这一劫难。

如今，世界上已不存在单凭法老的几句话就能随便动用劳工的事情了。在今天的世界上，劳工已是自由之身，他们的劳动是有报酬的。然而我们必须认识到，人们通过劳动力和物质材料来追求个人或集体利益的热情从古至今都是一样的，而用自私自利及高耗费的方式追逐利益，注定会带来不好的结果，古往今来概莫能外。

每当出现一位有所建树的法老，随后就会出现许多昏聩无道的法老。进一步地说，无论是大国还是小国、州还是市、大型私有还有公有机构，都有着法老式的激情，都用同样的方式寻求自我夸大。这可能是由于它们的贪婪、它们的动机好坏不一、国与国之间的敌对感，也可能是为了人民的福祉。这样说也许很奇怪，但从由此引发的经济后果来看，动机并不那么重要，金字塔还是金字塔。当人们把过多的劳动投入到对经济毫无用处的金字塔上时，人们的日常生活就会陷入危机之中。在这样的情况下，自由劳动力就如同苦力那般无助。他们无法消费自己创造的产品，由于把劳动投入到金字塔建造中，他们也无法享受同样的劳动可能带来的其他一切服务，而且他们将永久地丧失这些服务。就算把金字塔拆掉，流失的劳动也不会失而复得。

然而在如今这个世界上，劳工是自由之身。如果他们自己不愿意，谁也调动不了他们。那他们是如何被说服投身到为公共或私人谋利的工程上去浪费他们的劳动的呢？我们现在是如何建造"金字塔"的呢？我们采用了一种新的方式，这种新方式是那些对银行业不了解的古人们所无法知晓的，这就是信贷。我们的世界经济活动是一种金钱活动，谁拥有了信贷就相当于拥有了劳动力和物质材料。这个经济过程中可能还穿插着一些复杂因素，显而易见的事实可能会被遮挡住，然而不管在什么样的情况下，事实终将会是如此。事实上，除了这些以外，信贷没有别的用途。

从人们有了你我之分的意识开始，借款和贷款就已经存在了。简单来说，信贷亦是如此。然而我们所知的现代信贷——或者我们自认为知道的，是一股新的神奇力量。这股力量不停地演变着，却从未被掌控。人们急切地想要释放这股信贷的力量，只想利用这一力量，而不是驾驭它或是弄懂它，这也是可以理解的。如果以前人们没有办法对劳动力和物质材料进行绝对的控制，那么就根本不会出现私人或公共借贷的自我扩张。如今已找不到和信贷没有瓜葛的人了。

各式各样的自我扩张都是如此，是信贷的力量促成了现今世界的人类活动，我们所有的工业活动都是由信贷引起的。最初就是依靠信贷，机器才得以建造；依靠信贷，机器才配有操作人员，才有原材料，才能不停地运转；依靠信贷，机器生产出来的产品才得以销售；依靠信贷，可以分期付款的国内外消费者才能购买更多的机器和产品。信贷的力量就这样被积极地用于商贸的扩张。然而在这一方面，还有许多危险尚未被发觉，例如，突发危机后出现的严重通货膨胀或通货紧缩。个人和集体的贪婪、民众奢靡的自利行为、国家的雄心壮志、具有创造性和毁灭性的种种构想、宏大的社会目标和大谬论，甚至包括战争，对所有的这些事物来说，信贷无疑是极佳的原动力。除此之外，人们还会因为其他种种原因借助信贷构建"金字塔"。这一点很难让人理解，需要我们去研究。

信贷不应该用于建造"金字塔"。利息和分期偿还是使用信贷的两个限定因素。分期偿还是为了清偿债务，最终还清债务，换句话说，是为了消除债务。我们尚未提及债务，我们利用信贷做出蠢事大多数时候是由于我们忘记了信贷的另一面就是债务，有多少信贷就有多少债务。也就是说，你通过信贷所拥有的劳动力和物质材料是借来的，你实际上是一个债务人。作为债务人，你不仅需要为所借的款项支付多年利息，还要在将来的某个时期偿还本金，以此清偿债务。一般来说，我们认为利息和分期偿还只与借贷双方有关，债权人借出这笔钱会索要相应的借款收益，而且要保证在一定时间内将本金收回。情况大致就是这样，但这并不是事情的全部。

站在整个社会的角度看，利息和本金偿还有着某种实用性，因为唯独这两者可以防止信贷被肆意滥用或者过度浪费那些由信贷得来的劳动力和

第一次世界大战后的高通胀时期，柏林一家银行里的大量德国马克。1923年，1美元价值8亿德国马克。

物质材料。

举债者会说："我要用信贷创造的这个东西是具有创造力的。它具有生产能力，会带来利润。我将用这部分利润来支付贷款的利息，继而还清债务。我将把剩下的净利润归为己有。"

这样的陈述可以用在一个钢铁工程项目、一个纺织厂项目、一个铁路项目、一个发电厂项目以及所有你意想不到的其他项目上，但这种陈述绝对不能用在一个金字塔项目上。

确切地说，除了举债人或放贷者的个人忧虑外，利息和本金偿还的作用是限制"金字塔"的建造。尽管如此，人们仍会看到现代世界中充斥着各式各样的"金字塔"。法老们通过独裁调用劳动力和物质材料建造了一座座金字塔，而如今信贷铸就了成千上万座"金字塔"，这些"金字塔"在形态上与法老的金字塔不尽相同。我们现代的"金字塔"有着无数种形态，其中有许多是清晰可见的，有些是不明显的，因为它们有着似是而非的用途。有些则是完全看不见的，正是这些看不见的金字塔才最具吞噬性。

如果对我们的"金字塔"进行分类，那它们都有哪些类型呢？最显而易见的是公共工程类，例如，用于纪念的建筑、宏伟的城市建筑、华丽的林荫大道、体育场、娱乐中心以及公共浴室，等等。对于这种类型，利息和本金偿还的限制作用是较弱的。这并不是说这一类建筑具备生产能力，而是说它们会为人们带来幸福和舒适，这也是它们之所以存在的原因。一般来说，事实就是如此。此外，有人会说："既然人们可以在信贷的帮助下，马上享受到额外的幸福和舒适，那为何还要等到存够钱以后呢？他们完全会支付债务利息，并在还款日当天还清债务本金。"

　　然而，即便这类"金字塔"可以满足人们这方面的需求，但人们如果因急功近利而做出鲁莽的举动，则会付出沉重的代价（事情的确如此）。如果利用信贷一次性调用过多的劳动力建造这些"金字塔"的话，那么你应该知道接下来会发生什么。为了偿还债务本息，税费将会不断上涨，直到人们无力缴税为止。到时候人们会说，他们无力缴税的首要原因是无法消费这些值得拥有却没有生产能力的事物。要么人们在建造这些事物前没认识到这一点，要么他们本身就不在乎。最后，他们可能会拒绝还债，而当你站在整个社会层面看时，结果都一样，因为整个社会仍然需要其他的可交换事物，以满足人们的需求。原本同样的劳动可以用来生产比用作观赏和娱乐更为重要的东西，而不是用于建造这些精心打造却不实用的"金字塔"。

　　另一类事物后来才逐渐演变成了"金字塔"。当那些信贷使用者判断失误，把过多的信贷投入到某一特定的目的，不诚实地使用信贷或者是创造一种没有市场需求的东西，导致他们所追求的不过是虚幻的假象、空洞的利润幻觉——所投入的还是他人的劳动和钱财，在这种情况下，原先的事物就会变成"金字塔"。尽管如此，那些被建造的事物可能十分宏伟，比如大城市中耸立的摩天大楼，其建筑和工程结构是如此令人难以置信，以至于人们不远万里跑去，只为一睹它给人们带来的震撼。不论情况是否如此，建造这些事物的目的是为了赢利，而不是为城市增光添彩。赢利或亏损将决定每个新建筑奇迹的经济地位。它若能赢利，那么它就可以支付利息、偿还债务。或者说，如果它可以把原先借来的信贷归还到原来的信贷储蓄池中，那么它就不是"金字塔"，它就是拥有生产能力且能够带来收益的事物。可如果它亏损了，即产出不足以支付债务本金，那么它就是一座"金字塔"。在这种情况下，我们说资本流失了。资本的流失也就意味着劳动力的流失，两者是一样的，不论到底是谁遭受了这笔损失，整个社会都缺少了原本可以用这座"金字塔"所耗费掉的钱财、人力创造出的所有其他事物。

在同样的界定下，如果工业生产过度，并超出了社会对该工业品的需求，那么就意味着资本流失。在这一点上，自我扩张的精神就像某种生物学定律那样，每个独立的机构都试图在本国的同行业中领先其他机构，而该国的这一行业又试图在全球的同行业中处于领先地位，如此往复，信贷不断增加，直到最后到底会出现什么问题呢？结果就是信贷太多了。也就是说，劳动被囚禁住了、被冻结了、被锁在全世界的工业机器上了，工业产品的价格包含着债务利息，而这一价格超出了人们的承受能力。这或许是人类有史以来所创造的涉及面最广的"金字塔"了。

要想看清这个问题，我们可能需要把它放在最简单的镜片下查看。假设你把全世界的一半资本投入到制鞋业中，你每天能制造的鞋子要比所有人的脚多得多，因为需要支付全世界一半资本的利息，你为鞋子设定的价格将会非常高，没有人买得起，其结果就是所有投入到制鞋业上的资本流失了。这个数目是全世界资本的一半啊！或许投入这笔数目的一半（即全世界资本的1/4）才是正确的投资选择。资本确实流失了，这些资本所代表的劳动力也随之流失了，同时你也就失去了原本可以用这些劳动力创造出的所有其他有用的东西，而且是永远地失去了。这就像法老无法通过拆掉金字塔来找回被他浪费掉的埃及劳动力一样，你也无法通过拆卸机器收回所投入的一切劳动力。

我们又该怎样理解那些无形的"金字塔"呢？

疯狂的股票投机活动，比如1929年那次大崩溃[1]中的投机狂潮便是这一类"金字塔"，垒砌它的石块是贪婪、大众的错觉以及群体性狂热，它的标志便是一张张印刷出来的股票。这些股票有的代表真实的事物，有的则完全是虚幻的事物——如代表那些尚未被赚取也永远无法赚取的假想利润。这些损失是不可估量的。

这不是纽约证券交易所，而是被讽刺为赞助交易所的美国参议院。图为讽刺镀金时代政治机器的印刷宣传品。

1　美国股市于1929年发生的大崩盘，是美国历史上影响最大、危害最深的经济事件。在此次危机发生后的4年内，美国国内生产总值下降了30%，投资减少了80%，1500万人失业。——译者注

一个快速转动的昙花一现般的"倒金字塔"被自身的速度毁灭了。它以失控的方式吞噬了越来越多的信贷，直至消亡，因为正是信贷才让它得以高速运转。

在两年的时间里，仅纽约证券交易所的经纪人借入的贷款就增加了5亿美元。这是经纪人替投机者所借的信贷，用于每日在证券交易所中抬高股票的价格，而这些信贷原本可被用来投资有产出效益的事物。这些信贷能购买的劳动力和物质材料足以铺一条从纽约到旧金山的百米宽的高速公路，还可再建一条从芝加哥到墨西哥城的同等规模的高速公路，之后还能有所剩余。假设工资是6美元/天，那么这些信贷所代表的劳动量超过了埃及法老用于建造"金字塔"的劳工6亿天的劳动量。但是，把这些信贷用于抬高证券交易所里股票的价格并不能为国家带来真实的财富，哪怕只有1美元。

你也许会认为，既然赢利只是虚幻的，那么亏损也应当不是真实的；如果国家的财富没得到一点增加，那么也就不存在减少，但是事情并非如此。首先，把信贷从所有可能有产出的事物转到无产出的股票投机中，会造成财富的直接损失。其次，两三百万的大小投机者用掉了大量信贷。这些财大气粗的人仅靠账面上的利润借得信贷，然后使用掉。在这种微妙的过程中，虚幻的财富换取了真实的财富，而这些真实的财富被那些得到它的人消耗后，并没有继续创造财富。最后，要谈到的是巨大的损失。从"金字塔顶端"猛然坠下的恐慌导致所有敏感的信贷源泉不断收缩。它们越收缩，就越恐慌；越恐慌，收缩得就越厉害。彼此互为因果、交替作用，直到极度的恐慌状态。

这只是无形"金字塔"最戏剧化的例子。这类事物需要信贷支撑，以人为或夸大的价格为载体。联邦农业委员会（Federal Farm Board）在农业领域建造了两座巨型"金字塔"，一座与小麦有关，另一座则与棉花有关，并宣称它们稳如泰山。该委员会利用政府从民众手里借来的信贷资金来支撑小麦和棉花的价格，但是小麦和棉花的价格最终还是下滑了，于是信贷就流失了。人们一直坚称"金字塔"起着稳定的作用。为了支撑价格，人们孤注一掷地建造了数十座私人或公共的"金字塔"，所有建设资金都源于信贷。但由于一些显而易见的原因，这些价格注定是撑不下去的，是不合理的，肯定是要下滑的。

用我们对外借出的信贷所扩充的对外贸易则是一种比较特殊的巨型"金字塔"，它一半有形，一半无形，半真半假。贸易是有形的，而通过这种贸易实现赢利却在很大程度上是种幻觉。我们似乎忘了是在用自己的信贷去扩充贸易。

另外，美国借给外国的贷款总额达到了惊人的150亿美元。其中有许多信贷资金被外国借贷者用于建造他们自己的"金字塔"，而不是用来扩大该国的对外贸易。本书后面的相关部分还会继续探讨产生这种异象的缘由。

此时人们可能会对被简单地视为可调动劳动力和物质材料的信贷产生困惑。在这样的定义下，我们很容易把它与可估量的事物联系起来，比如，公共建筑或过剩的工业产能这一类"金字塔"，因为它们只是特定的事物，代替了原本可以用同样的信贷创造出的其他事物。可我们很难将它们与同样被称为"金字塔"的不可估量的一些事物联系起来，例如，华尔街的股票投机。那么，信贷是怎样产生的呢？信贷最开始是由谁借出的呢？如何获得信贷呢？信贷又是如何从始发者逐步发展到后来产生出惊人

1900年，非裔美国人在北卡罗来纳州当采棉工，他们从早上6点工作到晚上7点。

后果的呢？

事实上，这些问题可能并没有你想象的那么复杂。你只需去离你最近的银行，花费半个小时坐在银行大厅仔细观察，就能知道信贷是如何从源头一步步发展下去的了；了解它最先起始于谁；了解它是如何从源头分散到各个支流，再流到各处甚至流到大漩涡中；或许你还可以了解萨姆纳笔下的"被遗忘的人"。在任何一家银行都能了解到这些，所以你只要去其中的一家就可以了。

首先，你要观察银行里的结构布局。沿着柜

台会有一排排小窗口，每个窗口上都印有文字。第一个是写着"储蓄"的窗口，相邻的第二个或第三个窗口上会写着"出纳"，接下来的窗口上写着"贴现和收款"。在柜台尽头的一边，你会看到栏杆后面有几把椅子，上面贴着金属牌，牌上写着"行长""副行长"及"出纳员"。大银行中大都如此，小银行的出纳员一般会坐在一个窗口的后面。

接下来你要观察来银行的人，看看他们来做什么。有些人会径直走向标有"储蓄"的窗口。这些人把现金存入银行，以获取存款利息。有个人穿着工作服，他存的是工资。还有一位是农妇，她存的钱是卖牛奶或奶油赚来的。然后是饲养家禽的男子，他是来存储一些利润的。接下来是几位家庭主妇，很容易看出她们是那种经常在家庭预算中挤出一小笔钱来存储的人。最后，还可能会来一个铁路上的工头和一个汽车修理工，等等。每个人都从一个小本子中取出夹着的钱，然后把钱放进窗口，窗口内的工作人员清点这些钞票，在小本子上记下数额，再把小本子还给储户。如此循环往复一整天。下班之前，这个窗口收到的钱需要进行清点，随后被成捆地放入保险柜，并作为"定期存款"记入银行的账簿中。

而那些走向标有"出纳"窗口的人则与前面的人有点不同，他们是当地从事贸易和工商业的典型代表。他们的账户属于经常账户，称作"支票账户"（checking accounts）或者是"信贷平衡账户"（credit balances）。除了存款外，他们还会进行支票兑现，一般是同时进行的。例如，一个开办肩带和百叶窗工厂的男子仅仅带了支票来存款，每个欠他钱的人都用支票来偿还。可是他雇用了10名工人，今天又刚好是工资结算的日子。因此，由于得用现金结算工资，他便在自己的支票上写下了工资的数额，然后从柜台处换取现金。不过他现在从银行取走的这些现金又会在以后经别人的手回流到银行。肩带和百叶窗工厂的员工们用工资去杂货店、肉店以及百货商店购买所需的物品，而这三个卖家拿到钱后会立即把销售款带到银行，钱又回到了最初的来源——"出纳"窗口处储存。肩带和百叶窗工厂的员工们也把自己余下的钱带到银行，在"储蓄"窗口处储存，这就是货币的流通过程。从银行取走的钱可能在一周内经过两三次流转又回到银行手里，货币资金在完成其货币职能后又流回到银行，货币流通速度就体现在这一过程的快慢上。

最后，"出纳"窗口的柜员会在纸上的一栏中写上银行的收款总额，在另一栏写上支付总额，把二者的差额作为活期存款的增加额或减少额记在银行的账簿上。其中的铁律是他们每日的收款额会比支付额要多，所以在正常情况下，储蓄额每天都会有所增加。这种正常情况的含义是，所有代表当地商业的人为"出纳"窗口带来的钱要多于取走的钱，因为这些人的商业活动都是具有产出性的，总能带来一些效益，效益的多少则视具体情况而定。

每天，"出纳"窗口活期存款的增加额以及"储蓄"窗口定期存款的增加额将被放入保险柜。由此，银行积累了存款，也就是说积累了钱。银行如何处理这些钱呢？请记住，银行需要向储户支付存款利息，因此它必须赚回要支付的利息，而且赚得的利息必须比它支付的要多，否则它就无法实现赢利。因此银行必须贷出这些存款，从而收取贷款利息，再用此来支付存款利息——这就是银行的整个业务。

那么你觉得银行的贷款应该占到总存款额的多少呢？你觉得贷出多少才是安全的呢？一半还是四分之三？还是全部？事实上，连对这些问题不以为意的内行人在停下来思考这些问题后，都会感到吃惊。银行借出的贷款可能是储蓄额的10倍之多，这实在令人难以置信。也就是说，银行保险柜里每存入1美元储户的钱，银行可能会借出10美元的信用货币。

然而，并不是每家银行都是保险柜中有1美元现金就借出10美元的信用货币，但是如果从整个银行系统的层面上看，它确实具备推行信贷与现金10比1比例的潜能。美国财政部和其他联邦政府机构在反囤积货币的行动中就是采取10比1这一比例原则的。在面向全国的广播中，政府劝说人们不要在家储藏现金，应该到银行去存钱，理由是在家里每储藏1美元的现金，会导致国家信贷资源10倍的损失；将1美元的现金存储到银行中，则意味着可以增加可用于贸易和工商业的10美元的信贷。

当今社会的所有信贷现象都是由这种倍增的行为引起的，由银行家来执行。那么，银行是如何借出这些高于现金储蓄10倍的信贷的呢？

解释这个问题最简单的方式莫过于给大家讲一个故事。一个老金匠替他人保管黄金，在确保黄金安全的前提下，开出收据。这些代表黄金的收据开始作为货币在市场上流通。看到这种现象，老金匠意识到只要人们认为黄金是安全的，就很少会动用黄金或者取回黄金，于是他试着在手头没有足够黄金的情况下，发行可兑换黄金的票据。这是一个很大胆的想法。不过这个想法很聪明，或者起码它是可行的。而且如果这个金匠很讲信用的话，那么他的偿付能力是没有问题的，因为要想换取他承诺的可随时兑换黄金的票据，必须要给他有价值的东西，以此为抵押，这种东西就是担保品。这样，金匠手头便有了可以偿付票据的资产。如果人们拿票据来兑换黄金的话，金匠只要将这些财产变卖掉，把得来的钱换成黄金，然后根据先前做出的承诺兑换票据就可以了，只要这些资产是易于变卖的，只要没有很多人同时涌来要求他立刻兑换黄金就没有问题。随着时间的流逝，几乎没有人真的想要换回实物黄金。只要金匠值得信任，他们就更愿意用票据来达到交换的目的。这些票据不再代表真实的黄金，却等同于黄金，因为每当人们需要黄金的时候，拿这个票据就可以立刻兑换。这就是现代银行业的演变过程。这种流通着的票据渐渐变成了合法的纸币，法律和惯例要求银行存有一定量的黄金，即黄金储备，才能发行这些票据。接下来，你会发现在这个以黄金储备作支撑的合法纸币基础上，还可以增加一

1915年，在纽约市的德裔美国人银行前，人们排队等候取钱。

种票据——一种新的、可自由流通的品种，可兑换黄金或法定纸币。这种新的自由流通票据就是大家所熟悉的银行支票。在长期的习惯和实际需要中，用银行支票代替现金的方式一直延续着。此前我们的商业交易中有90%都是用支票完成的，根本或几乎没有实际货币的参与。例如，在1929年，美国实际货币总额为90亿美元，但是流通中的银行支票总额却高达7130亿美元，是所有实际货币的近80倍之多。

现今银行借出的是（未填写金额的）空白支票簿形式的信贷。你可以通过填写支票来获得信贷，也可以通过填写支票换取现金——实际货币黄金或者法定纸币。如果你用掉了提出的钱，这些钱还是会流回银行。当你向银行借款时，又会发生什么情况呢？银行工作人员不会给你现金，他会在银行自己的账本上给你的账户写上一定数额的信贷，然后给你一本空白的支票簿。随后，你离开银行，通过填写支票来获取信贷。你所填写支票的接收方又把该支票存入银行。当他们把从你那得到的支票存入银行时，你要为这笔钱付账，账本上你的信贷会被划走。由此可见，实际货币并未涉及整个过程。

如果上述最后这几段内容确实很难理解的话，那你就把事情看得简单点。所有与我们生活息息相关的发现与发明中，这种令人难以置信的螺旋式信贷结构是最狡诈、最具欺骗性、最难理解的，而且是除了高爆炸药之外最具危险性的东西。银行家们对如此具有危险性的东西知之甚少，所了解的仅仅是它每天如何运作。除此之外，他们一无所知，就当这（信贷）是潘多拉魔盒赐予的一个礼物吧。

如有必要的话，我们可以把以下现象看作主观上的现实：每有1美元递进这些银行窗口，进而成为存放在保险柜里的实际货币，银行便能拥有6美元、8美元甚至10美元可以对外借出的信贷。银行究竟把这些信贷借给谁了呢？又是如何借出去的呢？

若你现在还没离开，仍然坐在银行大厅里，接下来就要观察标有"贴现和收款"的这个窗口了。在这个窗口办理业务会耗费更长时间，需要签署和互换单据。去往这个窗口的人都是借款人，他们来借款、还款，或者分期付款，又或者延长期票的期限。你会看到一个当地承包商走到这个窗口，他手上的票据显示他曾借过贷款，用来支付造一间房子所用的工料费，现在房子已经完工了，他也从房主手中拿到了工程款，他用支票偿还了票据上的信贷额。没过多久，这个窗口前又来了一位汽车经销商，他刚收到了一张来自底特律（Detroit）的汽车收据和一张付款通知单，付款通知单上写着"一次性付清"。为了支付这笔款项，他只能通过银行借取信贷。当他在社区里销售出汽车后，他会偿还信贷——还是用支票。接着，窗口又来了一位收音机经销商，他允许买家用分期付款的方式购买收音机。现在，他在这个窗口借信贷，有了信贷后，他将填写支票，用来支付收音机生产商10台收音机的价款。为了给这笔贷款作担保，他会给银行开出一张自己的本票，另加当地向他购买收音机的10位消费者的购买合同。他从消费者那里收到钱后，再还清欠银行的债务——仍然是用支票。随后又来了一个农民，他已经卖掉了田地里的作物，现在来偿还（也是用支票）6个月前借来用于购买肥料和一些农场机械的贷款。

银行和所有这些借款人都比较熟悉，这类借给当地居民的贷款对银行

1　底特律，美国密歇根州东南部城市，曾是世界著名的汽车工业中心。——译者注
2　本票是一个人向另一个人签发的，保证即期、定期或在可以确定的将来的时间，向某人、其指定人或持票人支付一定金额的无条件书面承诺。——译者注

来说不仅是最安全的贷款方式，还是使用信贷最理想的方式。有点遗憾的是，当地对信贷的需求还无法达到银行全部的放贷能力。银行保险柜中日益增加的现金储蓄让银行拥有了过剩的放贷能力。在"贴现和收款"窗口满足客户的信贷需求后，银行该如何处理多余的信贷呢？现在，你将会看到信贷是如何从普通的地方出现，然后从源头中溢出，开始寻找出口，流向湖泊和大海的——这就是信贷大冒险的开端。

银行打算做的第一件事便是向一家纽约银行借出部分剩余的信贷。

纽约的这家银行拿到信贷后又是如何处理的呢？它可能会把信贷借给那些从事内贸或外贸的商人；可能会借给为投机者提供信贷的证券交易所的经纪人；也可能会借给欧洲的英格兰银行或者一家德国银行，因为德国银行有很高的利率。真不敢想象美国的地方信贷（其来源便是你所观察到的那些储户）竟会从这种单纯的来源流转到一家德国银行的手上！事实上，的确有数亿美元的美国信贷被借给了德国银行，而后在1931年，这些信贷被困在那里，以致无法收回。德国的银行宣布已无力偿还，这就是当时的还款大冻结。德国表示如果美国坚持索要信贷，那么这些银行就只能倒闭。德国建议我们"冻结"信贷，把这些信贷作为储蓄留在德国的银行，以在未来的某天，德国的银行能够偿还。由于当时我们别无选择，只能听从他们的建议。

此外，当地银行还会通过何种方式处理剩余的信贷呢？它会购买美国政府债券，其实就是把当地的信贷借给联邦政府。那么，联邦政府拿到信贷后又会如何处理呢？它或许会把信贷拨给联邦农业委员会，用来支撑小麦和棉花的"金字塔"；或许会拨给复兴金融公司（Reconstruction Finance Corporation），然后复兴金融公司再把信贷借给铁路部门；或许会拨给退伍军人事务部（Veterans Bureau），然后退伍军人事务部再把信贷借给战后退役的军人们；也可能会用于完成华盛顿波托马克河（Potomac River）上纪念桥的修建或者用于购买纸张和铅笔等办公用品，将其发放给参议院和众议院的议员。

但是，做完这些之后这家地方银行依旧有可以借出的剩余信贷。到目前为止，总体来看，它的对外借贷都是非常保守的。想要收回借给一家纽约大银行的信贷，它要做的就是打个电话而已，无须为此担心；想要收回借给美国政府的信贷，它只要出售债券就行，收购政府债券的市场随时都能找到。因此，这家银行的行长想：怎么没有一些高风险的业务呢？这样就可以获得更高的利率。

接下来，你可能会注意到有个人很诚恳地走向围栏后面的行长办公桌。从他的神情、姿态来看，他应该是个推销员。没错，他就是推销员——一位来自华尔街的债券推销员。这次他要推销的产品是外国债券。他手里有一些南美洲国家政府的债券，利率为7％；还有一些德国市政府的债券，利率为8％。相比银行只给储户3.5％的利率，这两个利率是十分诱人的。

推销员对行长说道："你也许认为7％和8％的利率水平意味着存在一定的风险。其实这些债券并没有什么风险，它们绝对是优质债券。外国借贷者之所以要在我们国家支付高利率，不是因为他们的信用状况不好，而是因为我们并不热衷于投资国外债券。不过这种情况只是暂时的。"对这样的小银行来说，这种高收益的投资机会是很难得的。

行长被说服之后，这家地方银行便用剩余的信贷购买了外国债券。美国地方银行购买一个南美洲国家政府的债券，其实就是把它的信贷借给了该政府，而它对此的了解仅仅来自推销员的一面之词。南美洲国家政府会如何处理这笔信贷呢？当然是想做什么就做什么，因为它是一个主权国家。它可以用这笔信贷来建造一座镀金圆顶建筑——当时确实有许多国家用美国的地方信贷来建造新的镀金圆顶建筑。

购买德国债券意味着这家银行把信贷借给了自由之城——不来梅（Bremen）或科隆（Cologne）。不来梅会如何使用这笔信贷呢？它可能会用这笔信贷来拓宽港口的航道，建造一些新码头，而我们原本可以用这笔信贷在新泽西州（New Jersey）的哈肯萨克河湿地边修建航道和码头。那么科隆又会如何处理这笔钱呢？它可以用这笔钱建造一座体育场或者一个大型游泳池，为国民谋福祉。这真是一件奇怪的事情！这家银行居然把信贷借给德国来完成这些工程，而它自己所在的美国社区既没有体育场，也没有游泳池，而且科隆市可能会用信贷在莱茵河上架起一座欧洲最大的桥梁，可实际上它并不真正需要这座桥，仅仅是为了促进当地的就业。同样是这些信贷，我们原本可以用来在旧金山金门海峡上建造一座大桥。

在离开这家银行前，你还要观察一点。这些信贷来源于储户们在银行窗口存入的现金，而他们与这些使用信贷的债务人相距甚远。他们对信贷的用途几乎一无所知！假如你告诉那个在"储蓄"窗口处从旧手提包里头掏出小面额纸币的妇女，银行会将她的钱扩增10倍，然后借给一个她根本没有听说过的拉美小国用于美化林荫大道，或者借给某个德国城市，用于修建职工宿舍，而这个宿舍比她自己的住宿条件还要好，这位妇女听完这些话后会怎样呢？假如你告诉那个随后而来的穿工作服的男子，他的钱会被银行扩增10倍，再借给纽约证券交易所的一个投机者，或者借给巴伐利亚（Bavaria）用于翻修一座大教堂，又或是借给一家外国银行，但实际情况是如果欧洲的赔款事务没有得到很好解决的话，借给这家外国银行的这笔信贷可能会遭受损失，还可能借给德国，以便德国能够支付战争赔款及一些欠美国财政部的钱，这位男子听后又会怎样呢？

当你离开这家银行时，请记住，它仅仅是美国约25000家大大小小银行中的一家。美国所有的银行都从事此类的资本扩增活动，也都以同样的方式将扩增后的资本借出去。你所见到的这家银行只是林中的一个"源泉"。除此之外，大地上还有约25000个这样的"源泉"，所有的"源泉"都持续不断地借出信贷。想想看，这些以获利为目的的地方信贷源泉遵循着如地心引力一般准确的定律——先流入小溪，再流入湖泊、海湾，最后奔向远方的大海。如果你将这幅画面定格在自己的脑海中，你就会更深刻地理解还会发生些什么——盲目无度地使用信贷力量必然会导致这样的后果。

你会发现经济领域发生了某些变化。一些闪耀的"明星"陨落了，而在地面上，一些"金字塔"也崩塌了。在两三个星期内，华尔街记者称之为证券交易所大崩盘的新闻上了报纸头版头条。而后的某天，一家拥有40万储户的纽约银行被迫在银行的厚玻璃门上贴上印有"州银行检查员责令关闭"的封条。这40万"被遗忘的人"的现金存款催生了过剩的信贷，而银行却把太多过剩的信贷投入到一些后来变为"金字塔"的项目当中——比如摩天大楼。

不知你是否还记得那位在地方银行"储蓄"窗口处拎着手提包的老妇人？她有一位纽约朋友正是这40万储户中的一个。这位朋友给她寄来一封信，信上说现如今银行已不再是储存钱财的好地方。老妇人觉得把钱存放在自己看得到的地方会更安全，哪怕不要利息，比方说，可以把钱存放在面粉罐的底部。于是老妇人再次来到"储蓄"窗口。这次她想把所有的储蓄都取出来，接着那个穿工作服的男子也来了，他也听说了类似的情况，所以也想要把自己所有的钱都取出来。对整个美国大型银行体系来说，这两个人的行为是无关紧要的。但是请记住，这仅仅是25000家银行中的一家。如果每家银行都有一些储户同时要求取出他们的储蓄，那么这便是先前谈到的所有信贷源泉、支流以及水域开始收缩的象征。

与先前的信贷倍增相反，现在发生的是通货紧缩，这是银行家控制不了的。如果他曾以10∶1的比例倍增信贷，那么现在由于储户把钱取走，他就必须以同样的比例减少信贷。也就是说，储户每取走1美元现金，他必须从别处收回10美元的信贷。这样一来，敏感而又高速运转的巨大信贷机器突然掉转车头，发出吓人的齿轮撞击声。

回到你曾去过的这家小银行。由于储户持续取款，它必须回收信贷。首先，它通过电话或电报给那家纽约大银行发了条信息："请归还我们的信贷，我们有急用。"

但是请记住，由于这家纽约大银行已经把信贷借出去了，所以它必须从其他人那里收回信贷。如果它把信贷借给了证券交易所的经纪人，而经纪人又转借给投机者，那么经纪人必须归还信贷。但是假如曾向证券交易所的经纪人借出过信贷的所有大大小小的纽约银行同时要求其归还信贷，理由是全国各地数千家作为信贷源泉的地方银行正打电话催收它们的信贷资金，又会发生什么呢？

在这种情况下，证券交易所的经纪人受到了致命打击。他们归还这些信贷后，没法找到新的信贷来源，因为信贷源泉正在不断收缩。事已至此，经纪人会告诉他们的客户（也就是那些投机者）："非常抱歉，告诉你们一个坏消息，我们借不到钱了。银行要求我们偿还债款，我们无法再用信贷支撑你们的债券了。如果你们不能在一刻钟内为这些债券支付现款，为了拯救我们自己，我们会将其抛售。"

这引发了证券交易所的又一次恐慌，证券市场进一步崩盘，报纸上充斥着令人惊骇的新闻标题。于是，恐慌开始蔓延。由于没有了信贷的支撑，快速转动的证券交易所"金字塔"正在崩塌。这个结果又造成了另一种灾难。由于衡量虚幻财富的证券交易所的交易价格急速下滑，以及其他一些不明原因，更多的银行陷入了倒闭的窘境。银行门口由焦急的储户组成的队伍越来越长，信贷源泉在这种情况下将继续加速收缩。

但是，假如纽约银行把信贷借给了柏林的一家银行，而且根本收不回来，那么它该如何是好呢？它要么偿还地方银行要求其归还的信贷，要么宣布倒闭。在这种情况下，这家纽约银行只能出售手头上的一些债券。可要是所有的纽约银行都同时做着这样的事情，证券交易所的情况会雪上加霜。银行将会抛售债券，投机者将会抛售股票，而证券价格的大跌对整个国家的心理影响更具破坏力。

你现在所看到的是债务清偿时的情景。由于这些成千上万的"被遗忘的人"要取回他们的存款，信贷源泉正在逐步干涸。而由于信贷紧缩，每个储户都同时要求取出自己的存款，借贷链条上的最后一环——借贷者已经无路可走了，只得变卖资产来偿还信贷。

即使这家地方银行从纽约银行要回了信贷，也还是不够。它的储户接连不断地取款意味着它必须收回更多的信贷——要知道，储户每取走1美元，某个地方的某个人就要还回10美元的信贷。这家银行想到的下一步是出售手上持有的南美洲国家政府债券，这是收回信贷的另一种办法。不可否认，总会有人购买这些债券，但这意味着不管是谁从银行手中买下这些债券，他都会取代银行成为发行这些债券的南美洲国家政府的新债权人。银行用不着关心谁是买家，交易会在公开的债券市场里进行。在那里，货物一经售出概不退还，需要谨慎的应该是买家。

当这家地方银行去出售手上持有的南美洲国家政府债券时，发现报价仅为30美元——它之前可是付了90美元购买的。如今南美洲国家政府正深陷财政困境，债券市场上所有的买家都知道这个情况，这也就是为什么他们只给出30美元报价的原因。如果银行以30美元的价格卖掉这些债券，那么它将损失掉借给南美洲国家政府信贷额的2/3。此外，如果出售这些债券只能换回这点钱，那么就算全部卖掉也于事无补。于是地方银行把南美洲国家政府债券搁到一边，转向手上持有的德国债券，但是德国债券的价格一样暴跌。这些债券的状况可能与南美洲国家政府债券一样，或许还要糟糕——德国已经陷入危机之中。那么，银行还有什么可供出售的呢？当

1884年5月14日，纽约华尔街一片混乱。恐慌是由纽约最大的银行实施信贷收缩引发的。

然，地方银行还可以出售美国政府债券，即便这些债券价格也大幅下跌。由于成百上千家处于困境中的其他银行都选择出售手中所持有的美国政府债券，而不是出售那些它们无法承受损失的垃圾债券，因此美国政府债券的价格也出现了下跌。

通过出售美国政府债券，收回借给政府的信贷后，这家地方银行持续经营了一段时间，偿付了储户的存款，并劝告他们不要继续取出存款，还告诉他们一切都会好转，对此要抱以乐观的态度。有一天，华盛顿审计局办公室的银行稽查员突然来审查这家银行的账簿，来判断这家银行是否有能力偿付债务。查完银行的账簿后，稽查员说道："看！你已经出售了所拥有的最好的资产。现在要用这些不良资产来平衡收支，你却仍然用当时购入这些不良资产时的价格为它们估值。比方说，你还在账簿上为这些外国债券标上90美元或95美元的价格，可你明明知道它们现在的价格只有30美元或35美元，你这家银行已经不具备偿付能力了，必须关门。"

随后，一张致命的白色封条被贴在了这家银行的厚玻璃门上，那些在窗口前要求取款的储户也被赶出银行。

1930—1931年这两年间，几乎完全一样的情形发生在大大小小的3635家银行中。这些倒闭银行的储蓄额至少达到25亿美元。

很容易被忽略的事实是，这些站在银行外面读着封条上裁决文字的储户们才是最初的信贷贷方。

想想储户所起的作用吧。当储户来银行存款时，他显然是把钱借给银行，可这些钱代表着什么呢？如果储户存入银行的钱是他自己赚来的，那么这些钱代表储户劳动所创造的同等价值的东西，或者他自己使用后还有剩余的东西。这可以是一捆剩余的木柴，姑且假设是木柴吧。

这捆剩余的木柴只能完成有限的任务。如果你把这捆木柴储存起来，以备将来之需，那它代表的是多出的空闲时间。如果你用它和你的邻居换取自己所需要的其他物品，那么这就是原始的物物交换。在这两种情况下，你都不会获得任何增值，它始终是一捆木柴。你也可以把它出售掉，换成现金。如果你仅仅储存了卖木柴所得的现金，也还是不会得到增值。但是如果你把这些钱拿到银行作为有息存款，相当于把一捆木柴的剩余价值借给了银行，增值便开始了。一个没有工具的劳工从银行借钱去买一把斧头、一个大木锤以及一些楔子，这些工具实质上就是你的那捆木柴。而后这个劳工用这些工具砍了三捆木柴，留了一捆木柴自己用，卖出了其余的那两捆木柴，他用其中一捆木柴的收入来偿还银行贷款，现在他手上还有第三捆木柴的收入，这就是所谓的利润或者增值。如果他没有打算把这笔钱花掉，而是选择把钱储存到银行，银行现在就有了两捆木柴，而原先只有一捆木柴——银行并不拥有木柴本身，也不拥有劳动，而是拥有代表劳动的金钱载体。此外，劳工手上还有那些工具，这一切都是从一捆剩余的木柴中得来的。

如此一来，我们积累了财富。只要获得财富的劳动没有流失，那么财富的累积就是没有止境的。

接下来，我们假设第三个人从银行借走两捆木柴的钱，用来制造一个符合"金字塔"定义的没有经济价值的玩具，或者进行一次运气不佳的投机活动，又或者在没有创造同等价值的情况下购买他急切想要享受的东西，而在他享受完后也没能创造出同等价值的东西。这样一来，他最后无力偿还债务本息。在这种情况下，我们就会说资金流失了。其实并非如此，金钱还在，可金钱所代表的东西流失了，也就是能够创造出两捆木柴

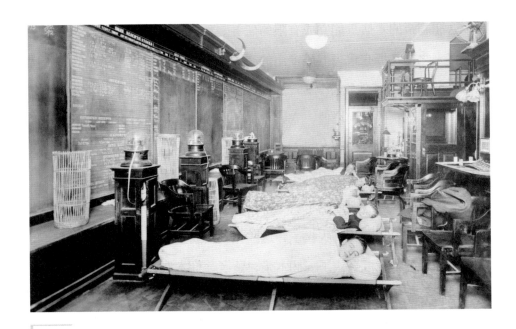

1915年，华尔街的职员由于股票交易量大导致过度工作而睡在办公室里。

的劳动流失了。

事实上，金钱本身不具有价值或力量，而是它所代表的东西具有价值或力量。一美元的实际货币表示的是价值一美元的财富在某地被以某种方式创造了出来。在这一美元的基础上，银行家扩增出的每一美元信贷表示的是价值一美元的财富正在某地以某种方式被创造出来。

如果这些钱因为货币贬值占总体财富的比例减小，从而导致购买力下降，那么把劳动借给银行的储户们会最先受到影响。

可我们为什么限定只有政府才有发行货币的职权呢？为什么制定严格的法律法规限制政府行使这一职权？为什么规定制造假币是犯罪行为呢？所有的这些都是为了让货币价值保持稳定，因为如果货币的增速快于我们用货币标价的物质财富的增速，那么货币所代表的劳动价值就会像一捆木柴在风吹雨打中慢慢变质一样。当一个政府，不论出于什么目的，规定制造假币并不犯法时，当它开始发行与任何已有或正在产生的财富没有丝毫关联的假币时，后果就可想而知了。通货膨胀便慢慢显现出来。一旦出现通货膨胀，人们将难以制止或控制，接踵而至的将是不可避免的灾难。最后，人们一生的储蓄或许连一顶帽子都买不起。

我们模糊地从货币中了解到这些。我们还会了解关于信贷方面的，可那将会更加模糊。

如果有人建议政府大肆印制货币，从而让全国上下充斥着法定货币，那么只要是有一点经济头脑的人就会一口否决这种建议，只有那些在思想上或政治上不理智的人才会采纳这样的建议。而且如果政府中不理智的人强行让政府这么做的话，那么我们每个人，包括这些制定政策的人都会储存黄金，因为黄金是一种政府不能制造也不能稀释的货币。或者，如果有人提议赋予所有银行发行自己认为合适的货币量的权力，完全让银行自己谨慎发行，那么其中的利害也是不言而喻的。每家银行都会对这一提议说"不"。这不仅因为人们不愿让私人银行家拥有这种特权，还因为私人银行家也不愿让他们的同行拥有这种特权。

虽然货币的发行戒律森严，但是银行可以自由地创造和扩增信贷。尽管货币通胀和信贷通胀都是恶魔，会带来同样的苦难，可是每家银行都依照自己的判断来调控信贷额度。通货膨胀会导致狂热、错觉以及虚幻的财富积累；通货紧缩会带来萧条、危机，令人追悔莫及。一种状态紧接着另一种状态，谁都逃脱不了，因为通货膨胀和通货紧缩一个是原因，另一个则是结果。

第三章

拯救欧洲（大冻结）

借人少量的钱，他成了你的债务人；借人大量的钱，他就是你的敌人。

——《格言集》

以下文字是从《纽约时报》1931年6月23日刊登的文章中摘录的："在纽约的引领下，巨大的购买热潮席卷了全球证券和商品市场。这是在外界对胡佛总统把战争债和赔款的偿还期推迟一年这一提议给予好评后，市场所做出的反应。价格在世界范围内的全面上升使得公开市场增加了数十亿美元的价值，市场对股票、债券、谷物、棉花、蔗糖、白银以及铅有着巨大的需求。德国债券的价格有了明显的好转，涨了2~13.5个点……美国政府的债券却未能加入上涨的行列，所有的美国债券均以下跌收盘。"

文章最后的内容被放在不引人注目的末尾处，而这是对这疯狂的一天中最重要的事实所给予的全部关注。这个事实就是：世界市场上所有东西的价格都在上涨，唯独美国政府债券是个例外。为什么会这样呢？美国政府回答了这个问题，而且是掷地有声地讲给所有想听的人。美国政府将报价作为语言来给予回答，下面就是它要说的：

"美国又一次用信贷来拯救欧洲！你知道你自己已经为此付出了多大代价吗？并且代价越来越大了。此外，你或许根本救不了欧洲，只不过是在让它膨胀而已，好转的迹象可能到头来反而变得更加糟糕。"

事实也确实如此。世界上所有东西的价格都在上涨，唯独美国政府债券下跌了。这不过是一种假象、一种暂时的幻觉，后面会更糟糕。

　　1835年，英格兰兰开夏郡普雷斯顿的斯温森·伯雷公司的大型棉纺厂。这座七层楼高的厂房占地475英亩，有660扇窗户。

　　胡佛的债务延期计划就是为了防止德国经济崩溃，想以此避免注定要以惊世骇俗的方式震撼整个国际金融体系的灾难发生。美国为此付出的第一笔费用估计为2.5亿美元，我们必须从英国、法国、比利时、意大利以及其他国家欠美国财政部的战争债务中放弃这笔钱，我们不能简单地提议让德国在一年内停止向其欧洲的债权国支付战争赔款。如果这么做，英国、法国、比利时、意大利以及其他国家会遭受很大的损失，这将大大超出它们的承受范围。如果它们在不索求德国赔款的同时，仍旧需要向美国财政部支付战争债利息的话，将会损害它们的经济，因此我们建议，如果德国的欧洲债权国们愿意给德国宽限一年的赔款期，那么它们欠美国财政部的战争债也可以宽限一年。

即便这样，还有一些困难需要我们解决，因为这个提议需要欧洲做出一些牺牲来拯救德国。事情是这样的：法国、英国、比利时以及其他国家从德国每年获得4亿多美元的赔款，它们每年还给美国的钱则不到2.5亿美元。这样一来，全面的国际战争债延期偿还会让它们损失掉两者的差额部分，也就是大约1.5亿美元。英国每年从其战争债债务国处获得的赔款只比偿付给美国的债务多出0.5亿美元，因此它愿意接受这个提议。然而法国从德国那里获得的赔款比支付给美国的债务多出1亿美元，因此它不愿意接受这个提议。为了拯救德国，经过艰难而冗长的谈判，各国便实行了债务延期计划，并且同意给法国特殊的待遇。德国要向巴塞尔（Basle）的国际银行支付一部分不可减免的法国赔款，之后法国再把这部分赔款按照新协议重新借给德国。其他各国家则按计划执行。

这一计划就这样生效了。美国失去了2.5亿美元，实际金额可能比这还要稍多一些。当各欧洲债权国对这一计划展开辩论，仍在为它们各自可能遭受的损失讨价还价的时候，纽约的联邦储备银行（Federal Reserve Bank）却直接向德国国家银行提供贷款，以避免它倒闭。也就是说，我们一共付出了3亿美元。这是个小代价吗？

美国确实认为自己做了一件大好事。报纸也都在说这是一件了不起的事情，欧洲的外交官和大臣们也在打印出的讲稿中或者采访中这样写道、说道。美国的驻外记者们把他们的原话通过电报发给我们，但是外交官们和大臣们用打字机打印出来的这些文字显然是在故意讨好。包括外交官在内，他们真正想说的却是迥然不同的。例如，他们在说："我们要停止向美国财政部支付可恶的战争债。"

保守的英国媒体开始迎合唐宁街的官方论调，而且比往常更加积极和主动，因为这时的英国十分讨厌法国，所有的主流媒体满是讽刺挖苦的论调。

伦敦唐宁街10号为英国首相官邸。唐宁街是乔治·唐宁爵士在16世纪80年代修建的，现在是首相官邸所在街区。

法国的声音则尤为刻薄："这些美国佬总是说他们这也不会、那也不会，现在又笨手笨脚地干涉欧洲事务，真是令人费解。美国不了解其插手的那些事务，却想用其信贷力量来制定法国、德国之间的条款。他们为什么就不能以一种纯粹的金融方式借出信贷，然后管好自家的事务呢？另外，他们还是和过去一样不懂礼貌，竟然没有事先和法国商量就擅自提议法国在一年内不再向德国索要赔款。"

德国的评论则是无情之中带着一丝欣喜："美国为了保护它已经借给德国的25亿美元贷款的安全，必须防止德国走向破产。美国拯救德国和欧洲的目的是拯救自己。"

即便这样，我们仍对这一计划给予好评。不管怎样，如果这一计划确实可行的话，那么就意味着我们只用3亿美元就让欧洲避免了破产，这已经是很小的代价了。但是事实很快证明，欧洲没能被我们拯救。在短短两周内，这3亿美元的信贷就被完全吞噬了，但欧洲还在对我们说："看看现在都发生了些什么！虽说胡佛的计划没有问题，出发点也是好的，但是这个计划本身是无法达到目的的。随后，不幸的是，相关国家对此长时间的公开讨论让整个世界都知道了德国的状况。现在德国所有的私人债权人都开始恐慌了，美国银行家要求收回他们在德国银行的信贷，连德国人自己都不愿意使用马克了。美国下一步打算如何处理？如果实施这一计划后，德国还是破产了，那就说明美国当初就不该插手。如果德国破产了，那么整个欧洲将面临崩溃。"

所以还需要第二个胡佛计划来拯救欧洲。这第二个计划便是：美国银行应停止从德国取回存款和短期信贷，并把这些钱重新设定一个期限再借给德国，比如6个月。这就意味着可能还有6亿美元的信贷窟窿需要填补，拯救德国的代价突然陡增为原来的3倍。尽管如此，这一行动是必需的，由一个美国银行家带头执行，为此，这个银行家被叫到欧洲协商此事。

然而，谁敢说为了拯救德国和欧洲所付出的代价是值得的呢？这个代

价并不小。尽管如此，想想那些美国对德国的巨额投资正处于危险之地，这些投资的价值可能在10亿美元左右——也就是说，前提是我们能够扭转这个颓势。可我们做到了吗？显然没有。

又过了几天，情况逐渐明朗：所有的美国信贷不过是在延缓这个灾难的到来。我们需要采取一些极端措施来处理德国危机，不

密西西比河棉花种植园的理想化图景。第一次世界大战结束后，欧洲到处缺钱缺粮，饥民充斥城乡。美国向欧洲提供援助，以解决战后的食品短缺问题。

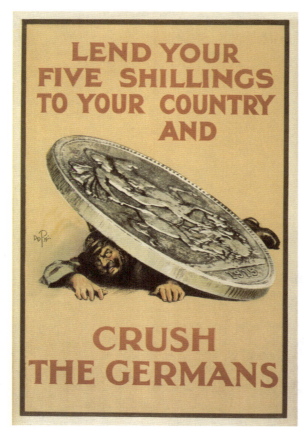

LEND YOUR FIVE SHILLINGS TO YOUR COUNTRY AND

CRUSH THE GERMANS

> 1915年的英国海报中展示了一名德国士兵被一枚英国硬币压在了下面。其标题为："把你的五先令借给你的国家，粉碎德国人。"海报呼吁英国民众踊跃存款，以此打败德国。

然在胡佛的债务延期计划结束后，甚至在债务延期计划结束前，美国的银行再次借给德国的6个月期限的贷款到期后，会发生什么呢？德国能够想到的唯一的极端应对措施就是拒绝支付战争赔款，同时再借入更多的美国信贷。而欧洲其他国家想到的唯一解决方案就是美国免除它们的战争债。

然而，还没来得及去构想这些极端措施，一个新的危机出现了。英格兰银行引发了黄金兑换的国际热潮，并将它的黄金储备逐步耗尽。"针线街的老妪"[1]该怎么办呢？该如何拯救它的信贷呢？唯有美国信贷有这个能

1　英格兰银行的绰号。——译者注

力。于是英格兰银行向纽约求助，从联邦储备银行获得了一笔大额贷款。

美国的信贷已拯救了德国两次，一次是为了德国，另一次是为了欧洲。现如今，美国的信贷又拯救了英格兰银行——这一切是在不到3个月的时间内发生的。拯救行动的代价约为12.5亿美元。谁又敢说这是值得的呢？

然而，我们还没来得及喘口气，就又发生了新的情况，危机又一次降临了。德国没能被成功救起，它只是浮在美国信贷的木筏上而已，整个欧洲岌岌可危。基于此，英格兰银行立即发现它从纽约联邦储备银行借来的贷款不过是杯水车薪。也就是说，英格兰银行也未能被拯救，它低估了储备的需求量。现在该如何是好呢？

每个人的脑海中几乎同时浮现出一样东西，好像这些想法是新的一样——同一种魔力、同一种圣水——更多的美国信贷。

现在又出现了一些急需解决的新问题。其中一个问题是，英格兰银行对贷款的需求量太大，在短时间内接二连三地拿着更多的欠条去纽约借钱会有损其信誉，美国银行家可能会很反感。还有一个主意是让英国政府出面来向美国借贷，来拯救英格兰银行。这个想法唯一的缺点是，当时执政的工党政府信誉不太好，国家财政长期处于赤字状态。它把太多的资金投入到社会福利项目，尤其是为失业者提供公共救济项目上，以至于无法平衡财政预算，入不敷出，英格兰银行又怎能指望它去向美国借贷呢？

英国政府也确实试探了美国银行家们的口风，看看他们对此是否介意。美国这些银行家们并没有生气，只是说："在我们发行英国债券为你筹资前，你需要对你的账簿处理一下。外界为此议论纷纷。难道就不能在为人称道的社会福利项目上少投点钱，平衡一下自己的财政预算吗？如果能做到这一点，那么外界就不会再对你们的财政状况指手画脚了，到时候在美国筹款或为英国财政部提供任何额度的银行信贷就会很容易了。"

于是，英国人决定更换政府，实施社会经济计划，同时平衡他们的财政预算，事实上他们早该这么做了。正是工党政府失去偿付能力引发的一系列问题损害了英镑的声誉。尽管如此，削减公共开支这一不受欢迎的政策被拖延到英格兰银行失去获得美国信贷的能力后才实施。如此一来，英国财政部不得不迫切地改善自己作为借贷者的声誉。

当英国人更换他们的政府并准备平衡预算的消息从伦敦传出时，华尔街的银行家们已经在讨论为英国提供贷款的事宜了。他们已经做好了重申的准备，《纽约时报》1931年8月26日的文章指出："美国银行会为英国新政府提供大量贷款，如果它确实有需要的话。"文章进一步指出："银行家们认为，要倾尽全国所有银行能够提供的全部贷款，而且还款期限至少在一年以上。许多银行家认为长期贷款可以帮助英国，也有少数银行家认为即使在目前债券市场不景气的情况下，为坚挺的英国债券举行公开募资也是可行的。"

第二天，华尔街传出消息，有关贷款的计划正式启动。第三天，华尔街宣布美国银行家们将向英国财政部提供2亿美元的贷款，还款期限为一年。

英国公众对此有何反应呢？美国人又借用信贷的力量来干涉英国政治，甚至把工党政府赶下了台——这就是英国人的看法。工党的机关报《每日先驱报》（*The Daily Herald*）指出："麦克唐纳（MacDonald）先生建议对全国最不幸的阶层推行新一轮节俭政策，理由是'国外舆论的压力'。谁会对此有意见呢？不是同样被失业和财政困境缠身的欧洲或美国这些民主国家有意见，而是外国银行家们有意见。他们列出了许多条款要

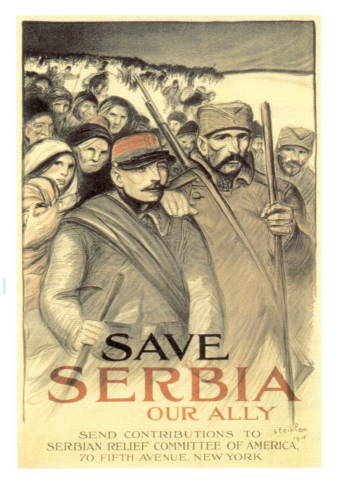

一张呼吁向美国塞尔维亚救济委员会捐款的美国海报，绘于1917—1918年。

英国政府接受，这其中就包括改变英国失业福利计划。只有这些条件得到满足，他们才会为英格兰银行提供经济援助。"《每日先驱报》上的评论文章说，纽约联邦储备银行在用手枪顶着英国的头。

也就是说，美国人无权在向英格兰银行提供援助贷款或救助英国财政部时设定条件。他们应该在借钱后自扫门前雪，莫管他国事。

英国曾是世界上最大的债权国，而今具备债权人思维方式的英国人为何会变得如此不理性呢？

　　这不能用强烈的政治情感来简单地解释被歪曲了的事实。虽然确实如此，但这些是金融方面的事实，而金融已在自己的世界里迷失了。它已分辨不清该继续走哪条路，也不知道该如何往回走。在国际债务越垒越高后，金融界现在面临的是同样规模的国际破产，这是令人震惊的事。金融界已失去了控制力，能想到的唯一解决办法是继续增加欧洲债务，继续借出美国信贷。然而国际金融无法创造出更多的债务。如果说私人信贷的信任感还一息尚存，债权人的信任之泉则即将被榨干。但是欧洲仍然能借到一些公共信贷。此时此刻，金融界的思维方式就像街上的普通人所想的那样：让政府去自行处理吧。让所有的欧洲政府通过增加它们的债务来拯救它们自己和别的国家。这就是他们想表达的意思。

　　通过国际金融机构，德国在6年或7年的时间里共借了将近40亿美元。这远远超出了德国的偿还能力——德国也不管自己有没有偿还能力。在把钱借给德国后，在耗尽了德国各种能够发行的债券后，钻了牛角尖的国际金融界却认为德国必须想办法弄到更多的信贷，否则它的整个金融体系将会崩溃。如果发生这种情况，国际金融界将难以应对，后果会很严重。但是德国已经没有更多的债券可以提供了，因此国际金融界无法通过德国发行债券来筹款。如果德国的债权人同意集体为德国债券发行作担保，那么国际金融界就可以为其筹得款项。

　　试想接下来事情会如何发展吧。假如德国的欧洲债权国，即英国、法国、比利时等国同意担保在美国发行德国债券，当筹得的款项被浪费掉后，会发生什么呢？可能到那时，为了继续向欧洲提供贷款，我们只能自己担保借出的贷款了，因为我们已经得不到更好的担保了。美国人借给欧洲的贷款竟然要美国人自己来担保！

那么，为什么人们会认为这个想法很奇怪呢？所有那些美国对欧洲的战争贷款和战后贷款都是由美国政府作担保的。美国政府发行自由公债（Liberty Bonds）向大众借钱，然后政府自己为债券作担保。如果欧洲各国真的想赖掉这笔债务，美国政府将会替它们还给民众。这笔债务不能被抹掉，不能取消，也不能缩减，它只能从欧洲纳税人身上转移到美国纳税人身上。

如果说美国债权人不是旧世界金融稳健的一大威胁的话，那么最起码可以这么定义：它对欧洲来说是一位神秘莫测的人物。

欧洲的主流经济学家们认为美国是世界上最差劲的债权人，因为我们仅凭一时冲动就借出贷款，而且是以一种不计后果的、饱含情感的方式，毫无条理可言。事实确实如此，作为债权人，我们没能看清自己和他人的所作所为。除了经济上或金融上的顾虑外，有一股奇怪的责任感一直压在美国心头，那就是拯救欧洲。

这种情感把我们引向战争。我们把欧洲从德国人的炮火中拯救出来，把德国人民从霍亨索伦王朝的统治下营救出来，把小国从大国的压迫中解放出来，使欧洲人民永远摆脱战争的磨难。当然，我们还有其他目的，比如协约国方面还给我们打了白条，虽然与我们现在动用的援救款相比，这只是一小部分。我们同情协约国，憎恨发动战争的德国人，有些人可能还会畏惧欧洲被德国统治；协约国让我们加入战争，对宣传也起了很大的作

1　自由公债是第一次世界大战期间美国为援助欧洲所发行的战时公债。政府通过发行自由公债筹得款项，然后转借给欧洲。——译者注

2　欧洲历史上的著名王朝，曾于1415—1918年统治勃兰登堡−普鲁士（普鲁士王国的前身）及德意志帝国。——译者注

勃兰登堡选举人弗雷德里克·威廉和纳什伯爵夫人路易丝·亨丽埃塔的肖像，1647年由杰哥拉德·范·洪索斯特创作。

用。尽管如此，如果没有这种情感上的期望，我们是不会参与到这场旷日持久的拯救活动中去的。

用战争来终结战争的方法，适合用在哪里呢？欧洲。用战争来捍卫世界的民主，哪里的民主处在危险之中？欧洲。用战争来解放受压迫的民族，哪里的民族受到了压迫？还是欧洲。我们参与战争不是为了对付德国人——我们曾说过，我们同德国人民之间没有仇怨，只是为了把德国人从邪恶的军阀独裁统治下解放出来。

协约国对美国的所思所想并不感兴趣，若是有兴趣的话，恐怕也只对一件事感兴趣，那就是把弱者从强者的手中解救出来，让弱小的民族独立自主，这与它们息息相关。协约国并不关心我们为何而战，不管我们的想法多么不靠谱，只要我们是它们的盟友就行了。如果没有美国，它们会输掉这场战争。协约国并不是为了捍卫世界民主而战，不是为了永远结束战争，也不是为了解救德国人民，更不是为了让弱小民族掌握自己的命运，它们是为了打败德国而战。在美国的帮助下，它们的确打败了德国。但是我们的那些参战目标后来都没能实现，有的只是我们对拯救欧洲的一种强烈的责任感。

我们卷入这场本不应该出现在我们生活中的战争，耗费了250亿美元。除此之外，我们又通过美国财政部向盟国借出了超过100亿美元的贷款，而后又开始了私人借贷——也就是美国银行和美国投资者借出的贷款。算上我们的直接战争支出、战时贷款、战后贷款以及之后的私人贷款，我们在不到15年的时间里至少花费了400亿美元来帮助欧洲，这笔花销相当于1914年国民财富总额的1/5。

这场战争让我们花费不少，美国财政部把发行自由公债筹得的钱借给盟国。在当时的情况下，美国有这样的道义责任去帮助盟国，不管这些钱最后还能不能收回。接着是美国财政部经手的战后贷款，用于清理欧洲的战争废墟，这些钱成了战争债务。欧洲人因为这些债务而憎恨我们，毫无疑问，这些债务到最后也值不了几个钱。美国财政部本来持有的是由协约国开出的期票，后来又换成了长期债券。如果美国财政部把这些债券拿到华尔街出售的话，若能收回1美元成本中的20美分就相当幸运了。

那么，我们就单独考虑私人借贷——战后美国银行和投资者借给欧洲的贷款。所有这些贷款都是金融层面上的。金融具有自利性，因此，关于这些在过去8年中流入欧洲的50亿或60亿美元的私人贷款，我们有权追问我们究竟在借出贷款后得到了什么。

德国柏林著名的地标勃兰登堡门全景。勃兰登堡门是普鲁士国王腓特烈·威廉二世（Friedrich Wilhelm II，1744—1797年）为庆祝七年战争的胜利而下令建造的，1791年竣工。

显然，我们未能获得来自欧洲的友谊或善意。恰恰相反，欧洲人表现出了一种厌恶丑陋债务人的心理。你可能会说人性就是如此，债主应当做好心理准备，也应当宽容债务人的这种心理。但是有人用激进的方式利用这种心理，使欧洲人厌恶债务人的心理变得更加扭曲，也为这种心理蒙上了一层险恶的政治色彩。利用这种心理的人不仅是媒体和政客，还包括那些负责任的政要、对平衡预算束手无策的财政部长，以及那些需要增加税收的政府。

德国政府对它的国民说，如果他们不用向协约国支付战争赔款（德国人称之为"纳贡"），德国工人的工资就会上涨，税收也会相应下降，德国就能消除贫困，迈向光明的未来。

曾经的协约国对德国说它们感到非常抱歉，如果它们不用向美国财政部支付战争债，那它们就可以免除德国的全部赔款或者至少免除大部分赔款，可能是2/3。但是它们一直对自己的国民说，由于每年要偿还美国财政部的巨额战争债，它们的处境举步维艰，却没强调支付美国战争债的这笔钱来自德国的战争赔款。事实上，德国根本没有支付赔款，协约国也没有偿还战争债，所有的这些钱都来自美国的信贷，然而它们对这个事实视而不见。

有了美国的贷款才使德国有能力支付赔款，而协约国每年用德国的赔款来向美国偿还战争债务。我们从欧洲收回的都是后来自己借出的钱，贷出去的多，收回来的却少得可怜。但是你没法跟欧洲人讲这些事情，即便对一个知道实情的人说，他也会被触怒。实际上，他们中很少有人了解实情。他们更容易相信那些利用厌恶债务人的心理的人所说的话。

长期以来，欧洲之所以把美国贬低为"夏洛克[1]之国"（Shylock nation），是因为这笔债务的性质——这是一笔战争债，具有公共性质。很明显，如果这笔债务是私人借贷的话，欧洲便不会有这种无理的情感。所以，人们继续向欧洲提供贷款，导致战争债的数额被私人债务超过。由于数额巨大，私人债务开始带有公共性质，于是，欧洲人民又开始对此产生一种同样骚动的大众情感。为什么美国人这么富有呢？他们从哪弄到了这

---

[1] 莎士比亚所著《威尼斯商人》（*The Merchant of Venice*）一剧中放高利贷的冷酷犹太人。——译者注

么多钱？难道他们打算用黄金来奴役整个世界吗？

这是国际金融界始料未及的局面。当金融界突然失去信贷资源时，就像1931年时所发生的那样，它只能请求政府介入。在此之后，所有关于金融应该独立于政治的话语都纯属无稽之谈。

1931年夏天，在所有国家都在胡佛计划下一年内免付战争债后，德国发生了真正的危机。同年7月，七国首脑会议在伦敦召开，主要讨论德国对其私人债权人的偿付能力问题。美国国务卿和财政部部长代表美国出席了大会。会议决定实施第二个胡佛计划，以避免德国在债务上出现违约——仅针对私人债权人的违约，而不是对其他政府的。这种情况已经超出了国际金融界所能控制的范围，因此必须由政府介入。

后来，当英国为了能从美国借到钱以拯救英格兰银行而不得不更换政府时，私人债权人进行的金融交易再次被贴上了公共性质的标签。英国政府并不是从美国政府那里借款，而是从美国银行家们手里借款。但是，由于美国银行家们要求英国削减公共开支、平衡财政预算，英国的工党便可以借此对民众说美国人利用他们手中巨大的金钱力量来颠覆大不列颠的工党政府，然后成千上万的英国失业者认为是美国银行家们的行为导致他们每周从英国公共财政中领到的救济金变少了。

国际私人债务是很好定义的，它表示一个国家的国民把钱借给了另一个国家的国民。同样，国际公共债务的定义也很简单，它表示一国政府欠下了另一国政府的债务。但是对借贷双方而言，可能一边是私人，另一边是政府，比如一国政府从另一国的私人放贷者那里借钱。假设这是严格定义上的私人债务，一个国家的国民是债务人，债权人则是另一个国家的国民，如果债务的数目大到足以危及借款人的偿还能力和经济自由，或者大到足以使双方的经济关系恶化，这笔私人债务就具有了公共性质，不可避免地会引起政治纠纷。

我们给了欧洲各种形式的贷款。有的贷款是欧洲政府从美国政府手上借来的，有的贷款是欧洲的民众和私人机构从美国私人债权人手上借来的，有的贷款是欧洲政府、州、市从美国的私人债权人手上借来的。这些贷款形式的差别渐渐变得不再重要，因为每部分美国债务都仅仅是美国债务这个大集合体中的一部分。这些单纯的债务在政治中所产生的影响是我们原先没有料到的。

在1931年9月的一期《瞭望两个世界》杂志中，前法国驻美大使、美法《梅隆—贝伦格战争债偿还协议》的起草人之一亨利·贝伦格（Henri Bellenger）写了一篇不错的评论，他用法国人的逻辑分析了美国外交政策的变化。文章中写道："145年来，美国外交政策的基础都是华盛顿在美国国会的告别演讲。"我们只用寥寥四个字就可以将其概括，那就是"和平主义"（No Foreign Entanglements）。伍德罗·威尔逊（Woodrow Wilson）是第一个宣扬和平主义的总统，但美国人对他及他宣扬的主义并不领情，因此他们仅向欧洲派驻了官方观察员。后来，贝伦格先生写道："这件事发生在（1931年）6月20日，胡佛总统向全世界传递了信息，并且派财政部部长和国务卿与欧洲的大臣们洽谈。胡佛总统向外界释放的信息，无论从哪种角度来看，都是关于干涉外国政治的信息。究竟是什么让大西洋彼岸的这个国家背离了华盛顿的和平主义，还受到如此广泛的欢迎呢？"

他回答道："7年来，美国的银行家们一直致力于把美国和欧洲捆绑在

1　伍德罗·威尔逊（1856—1924），美国第28任总统，诺贝尔和平奖获得者。——译者注

一起……事实上，美国撒在欧洲身上的钢丝和黄金网太过沉重了，把自己给缠住了。在华盛顿可以立马感应到柏林的破产，法兰克福的每一次恐慌都会撼动华尔街。当危机进一步加剧，蔓延至早已与美国纠缠不清的伦敦时，美国会有被勒死的风险。"

确实，法国人看到了这一点。在不到10年的时间里，金融界把美国卷入外国事务的旋涡中。而在此前的150年里，美国人一直拒绝参与外国事务。

既然借给欧洲贷款不能为我们带来友谊，只会引起更多的憎恶，既然贷款让我们与外国产生了纠纷，违背了我们原有的想法，那么我们又回到了这个尚未回答的问题上来；我们到底能从中得到什么？

这时，从外贸商界传出了声音："对外放贷确实促进了我们的出口贸易。我们借给欧洲的贷款使其能够从我们这里大量购货，如果没有贷款，它是没有强大的购买能力的。这能让我们的工厂正常生产，这能为我们的劳动力提供工作。"

确实如此，但这只是暂时的情况。只要一直借钱让别人，让他们买你的产品，出口贸易就会一直膨胀。但是如果你借钱给外国顾客来买你的产品，你一卖出产品就会想收回的究竟是什么。除非你继续借钱给他们来支付货款或者免除他们的债务，否则你什么都得不到，这样的买卖能称之为有利的吗？如果这样的买卖都还能算是不错的话，那么常识就变成了愚蠢，唯有国际金融深知这一切的奥秘。

接着另一个声音出现了："请记住，当今世界是一个共同体，没有哪个国家能独享繁荣，美国也不例外。作为有剩余资源的国家，美国应该对战后损失严重的欧洲国家给予更多关怀……这是一个足以让美国信贷落到欧洲手中的理由。此外，我们也有义务这么做，这么做是明智之举，因为我们不再自私。"

这种崇高的思想所体现的是超出了现今世界能提供的和谐景象。首先，处于不同立场的人对此的看法很可能是不一致的。贷方有热情，借方的想法却是另一回事。支配他们之间交易的并不是简单的"谨慎、判断以及道义责任的原则"。而且，当你谈到借钱是一种义务时，你指的是哪方面？如果借钱是义务，那你为什么还要签合同呢？更有甚者，这种想法可能会变成这样一种言论：仅仅因为比其他国家富有，富国就必须把钱分给那些心存嫉妒的穷国。事实上，这种想法正被许多欧洲的政治经济学博士

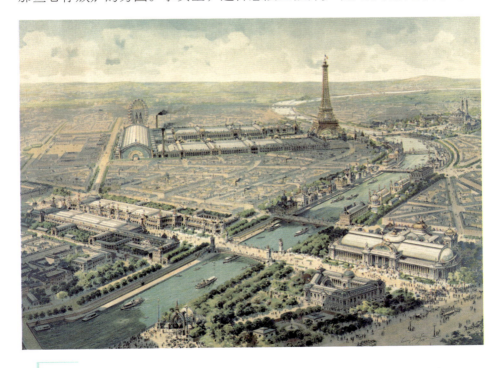

1900年巴黎世博会全景，其中包括里昂火车站奥赛车站、亚历山大三世桥、拉鲁什大宫和小宫。

宣扬。要么他们不知道国际借贷有可能会因他们的言论变得无度和不负责任，借方会因此把这种借贷想象成古老的掠夺，要么他们根本就不在乎这些。

第四章

援救德国（八月大危机）

战争已经打了16年。

德国无罪。

《凡尔赛和约》（*The Treaty of Versailles*）是现代历史上的一项滔天罪行。

战争赔款就是纳贡。

1917年，美国之所以加入协约国与德国为敌，是因为协约国欠美国的钱。

在所有的国家中，债权国总是会看重债务国。

1931年，为了保护德国欠美国的20亿美元款项的安全，美国实施了胡佛债务延期计划；因为现在德国欠美国钱，美国不得不在政治上与德国结盟。

——摘自德国时下流行语录

这已经是第三次了——德国威胁要在破产的旋涡中与它的债主同归于尽，而债主们只能拼命地操作着抽水泵，防止德国下沉。它们比德国更为担忧，为什么呢？因为在这个旋涡中，最后只会淹死债主。

德国沉下去了，还能再浮上来；当它的债主被淹没后，德国的负债就减轻了。之前它的债主们经过两次努力都未能让其持续浮在水面上，即使已经把许多大额的债务扔下海——刚开始时这么做是很容易的，因为这些债务是政治性债务。它是以战争赔款的名义收取的。而如今出现的第三次危机，船上有两种债务、两类债主，它们面临着一样的窘境。一种债务是之前尚未还清的赔款债务，另一种债务来自巨额的私人债务，这不是德国政府欠其他国家政府的，而是德国中央及地方政府、德国银行和德国工业欠全世界私人放贷者的，这是在过去的6年或7年中所产生的一笔新债务。这笔新债务的总额将近40亿美元，其中约2/3是由美国银行、美国投资者、美国私人放贷者借出的。

这笔巨额私人债务对德国来说有一点好处，那就是德国可以借此抹掉那些政治债务。

看着它的债主们在抽水泵旁工作，德国不停地说："抛弃剩下的这些赔款债务吧，它们才是致使我们下沉的原因。把它们扔掉，我们就不会沉没了。"

然后，德国又私下里对它的私人债主们说："难道你们还不知道解救自己的办法吗？只有与我们合作，让我们从这些赔款债务的纠缠中彻底摆脱出来，才能确保我们不会沉没。"

这一建议使债主阵营产生分歧，他们内部开始争吵起来，但是他们无法确定在抛掉赔款债务后是否就不会沉没。对于德国的一切，他们都无法确定。因此，在万般无奈之下，他们成立了一个国际专家委员会，既从德国的角度检查这艘船所能承受的债务负担，也从债权人的角度检查，然后把两方面的结果综合起来。德国同意了。

首届国际专家委员会潜入水中对船体进行检查。而到了1924年，德国彻底沉没了。此前，德国一直滥发货币，直到货币变得一文不值。这种行为会导致国家彻底破产，不管是对内破产还是对外破产，都是一种前所未有的情况。尽管如此，专家们发现这艘船本身是完好的，专家们在报告上

威廉二世（1859—1941年），德国最后一任皇帝。威廉二世是一位狂热的军国主义者，在萨拉热窝事件之后鼓动奥匈帝国对塞尔维亚宣战。他只是名义上掌管德国军队，真正握有实权的是他手下的将军们。1918年，第一次世界大战接近尾声时，他被迫退位。

也是如此陈述的。现在只需一股信心的浪潮便能让这艘船再次浮起，而且一旦它再次浮起，它能承受的赔款债务将是每年6.25亿美元。

这就是道威斯计划。为了确保计划有效执行，在该计划的实施过程中，德国政府从英国、法国以及美国手中借了价值2亿美元的黄金，以实施"履行和约政策"。之后，德国很快便开始了借款无度、债务无数的借债生涯，这样的事情从未在金融史上出现过，只有德国先前因通货膨胀而导致破产可以与之相提并论。这拉开了私人借贷的大幕。

5年后，压垮德国这艘船的正是道威斯计划。让德国每年支付6.25亿美元的赔款本身就是灾难性的，可让情况更加严重的是，道威斯计划并没有明确规定德国这艘船要用多少年来承担这笔债务。它没有规定一个应付赔款的总额，只是让德国每年分期付款。如果债权人没有确定一个债务总量，让德国起码知道何时能结束赔款，那么德国只有绝望地再次沉没了。

接着，第二届国际专家委员会在分析了德国的财力后，给出了这样的结论：德国每年只能支付4亿美元。这便是杨格计划（Young Plan）。在实施这一计划的过程中，德国政府从英国、法国、美国手中借了3亿美元，以便执行第二次"履行和约政策"。

在杨格计划实施前，德国国家银行的前行长和其他德国人士奔波于世界各地进行宣传。他们宣称，战争赔款正使德国走向毁灭，如果德国不能摆脱这一负担，早晚会沉没。如果说让德国再次破产是唯一解脱的办法的话，正如先前的道威斯计划那样，尽管这一切听起来很可怕，但对德国来说损失反而会减少。

让人觉得非常怪异的是，在这种宣传愈演愈烈之后，德国竟然还能从国外借到数额巨大的贷款。美国的投资者们继续购买德国债券，因为德国债券的利率非常高。出于同样的原因，美国的银行继续把剩余的资金存放在德国的银行中。这些人都说："那些都是关于赔款的政治宣传，与我们的私人融资或私人投资无关。"谁都没想到德国人在抨击他们自己的信贷时，居然说的是真话，也没人想到德国会再次破产。这和当年人们对路西塔尼亚号沉没的警告有点像，虽然冷酷，但真实，可惜没人相信。

就在1931年6月，"德国损失减少"的情况很快将来临。德国正在破产的边缘徘徊，它呼吁债主们保持克制，以免灾难降临到它头上。德国已经膨胀了的金融系统即将崩塌，德国国家银行也将要倒闭。如此一来，它只能在所有的外债上违约，包括政治债务和私人债务。私人债务不是欠外国政府的，而是欠外国投资者和银行的，这笔债务数额庞大，达到了将近40

1915年5月7日，路西塔尼亚号轮船载着平民乘客，由纽约开往利物浦，在它航行的第六天，被一艘德国潜艇发现并偷袭。鱼雷击中船体，发生了爆炸。路西塔尼亚号沉在了爱尔兰的南部海域，大约有1200人丧生。

亿美元。难道国际金融界就这么眼睁睁地看着德国破产吗？难道德国的债主们不该为了自身的利益而拯救德国吗？

其中英国是最同情德国的债主，这并不是因为它将成为德国破产的最大输家——英国所受到的资产牵连要比美国少得多，而是由于别的一些复杂原因。1931年6月，英格兰银行行长天天打电话告知纽约的银行家们德国的境况是如何日趋严重，以及为何美国应该采取有力措施，伸出援助之手。唯有美国有能力拯救德国，英国单凭一己之力无法制止这场灾难的发生，同样，法国也起不了什么作用，美国为了自己的利益必须采取措施。

如果德国破产了，那些在德国有着巨额存款的美国银行该怎么办呢？那些美国银行和私人投资者所持有的德国债券又将何去何从？投资储备里含有德国债券的那些美国银行又将如何呢？突然某一天，当英格兰银行行长没给纽约打电话时，英国政府又给华盛顿打了电话，讲的还是同一件事。

正是在这种背景下，胡佛总统提议实施国际债务延期计划，以一年为期限，德国不用向协约国支付赔款，而欧洲也不用向美国支付战争债。这就等于借给德国4亿美元——原本每年德国要向协约国支付4亿美元赔款。除此之外，国际金融界还向德国国家银行提供了1亿美元的贷款，以备不测。提供这笔贷款的是纽约联邦储备银行、英格兰银行以及法兰西银行。国际金融界在完成这些工作后长长地舒了一口气，认为起码已经防止了德国走向破产。在随后的几天内，德国债券、各类有价证券，甚至包括大宗商品，都在全世界范围内奇迹般地涨价了。

紧随其后的是，人们争先恐后地抛售德国马克。原先为了高额利息而把钱存放在德国银行的英国、法国、荷兰、瑞士以及美国的私人银行改变了想法，异常焦虑地索回存款，毕竟一年的时间很短，谁也不知道债务延期结束后会发生什么。

就连德国人自己都在抛售马克。他们在最近一年或更早之前就在偷偷地抛售了。现在，他们开始加速了。他们把马克带到德国国家银行，兑换成美元、英镑、法郎，他们可以通过外汇交易机制来完成。当他们在德国国家银行把马克兑换成可以在纽约提取的美元、可以在伦敦提取的英镑以及可以在巴黎提取的法郎后，只需打个电话到纽约、伦敦、巴黎，然后把美元、英镑、法郎存入相应的银行账户就行了。而那些不知道如何通过外汇交易机制把马克转化为外币转存到外国银行的人发现了更简易的办法。

例如，他们会到最近的边境，然后用最大面值的马克购买一张火车票。他们并非想到国外去短途旅行，而是想去国外兑换荷兰盾或者瑞士法郎，然后储存起来。

胡佛债务延期计划于1913年6月30日生效。从这一天起，德国不用支付4亿美元赔款，还借来了1亿美元新贷款，也就是德国的财政突然多了5亿美元。尽管如此，在10天内，德国国家银行行长卢瑟（Luther）博士乘飞机跑遍了欧洲各地，到巴塞尔、巴黎、伦敦到处说德国还急需额外的5亿美元贷款。人们抛售马克，使胡佛债务延期计划的所有成效都被抵消了。与以前相比，德国的金融困境更加严重了。德国不愿做出牺牲，那么离破产已近在咫尺了。

国际金融界被吓得不轻。究竟什么时候才会结束？德国人拼命把钱撤离德国，与此同时，德国却恳求债主们提供更多的信贷来拯救自己和它们（债主们）。

法国人说："这就是一个漏勺，也很有可能是个陷阱。难道德国认为将拒绝还债作为威胁，就能让债主们仅仅为了要回一笔固定金额的借款而继续投钱吗？"

法国人的处境很好，比英国人的处境好很多。长期以来，英格兰银行一直在流失黄金，它对此深感忧虑。法兰西银行的黄金储备量位居世界第二，并且还在稳定地增加。法国人非常清楚，如果缺少他们的支持，为德国提供第二次巨额国际贷款将难以获得成功，于是他们说："很好，我们将考虑参与为德国提供国际贷款一事，条件是德国人要表现得像一个债务人。债务人不应该对债主表现出一种军国主义态度。因此，让德国人解散那些代表旧式军国主义精神的钢甲部队吧。他们应该停止把债主的钱花在所谓的'袖珍战列舰'[1]上，因为这种海上武器十分可怕。他们还应放弃与奥地利合并的努力，因为这违背了《凡尔赛和约》的规定。"

得知法国的态度后，卢瑟博士飞回了柏林。他只是代表德国国家银行，并不代表德国政府，因此他无权商讨政治事务。

他回来后，德国民众怨声载道：又是刁难！又是法国人！他们利用德国急需援助的现状，提出政治要求来羞辱德国。上次就是因为他们的阻挠，胡佛计划错过了发挥效力的最佳时间，现在他们又要用他们的财力在经济上制裁德国。

英国人由于害怕欧洲金融体系崩溃而推波助澜。他们提议在伦敦召开首脑会议，说服德国总理在访问途中拜访巴黎，把德国最绅士的一面展现给记仇颇深的法国人看。德国总理确实和外交部长以及一群杰出的专家们顺道访问了巴黎。法国人在鲜花簇拥的火车站迎接他们，任何对法国人稍有了解的人都知道这意味着什么。这表明法国人仍逻辑清晰。在欢迎和拥抱之后，法国人发现对方甚至连提出观点的勇气都没有，他们自己却说个不停。事实也确实如此。

德国人的话足以让国际金融界不寒而栗。德国人说他们没什么计划可提，只打算陈述一些事实，然后由债主们自行斟酌这些事实，继而决定是否为了救自己而拯救德国。德国人说他们要提的不只是政治债务，也就是每年必须支付的4亿美元战争赔款，他们更关心的是德国新的私人贷款，

1 德国作为第一次世界大战中的战败国，其海军受到《凡尔赛和约》的严格限制。德国海军针对条约限制（新造战舰排水量不得超过一万吨，主炮口径不得超过28厘米），结合巡洋作战的需求，于1929年动工建造了德意志级装甲舰。这种装甲舰的主炮口径超出了当时《华盛顿海军条约》对巡洋舰的定义，被其他国家海军称为"袖珍战列舰"。——译者注

其总额近40亿美元。这笔钱是德国政府及人民在过去的6年间通过债券、票据以及短期信贷，从美国、英国、法国、荷兰、瑞士、斯堪的纳维亚以及其他国家的银行中借的钱。在所有债主中，借款最多的是美国，其借款中有许多是短期信贷，也就是短期之内需要归还的贷款。如果经济形势持续走好，那么这笔贷款可以不断续期，但如果经济下跌的迹象出现，美国人可能就会立马要求还钱。借这么多的短期信贷是很危险的，德国人对这一点非常清楚，他们也知道他们以不明智甚至奢靡的方式用掉了大量信贷，并承认了这个事实。然而，人们还是得面对现实。现在，德国的许多债主要求它还钱，但是钱都花完了，德国怎么还？怎样才能同时还清所有债主的钱？是的，债务是到期了，确实该偿还；债权人有权要回他们的钱款，这是他们的权利，但是等待他们的是成千上万个空空如也的德国收银台抽屉。如果他们坚持索要，那么德国只能宣布破产，然后对所有债主一视同仁。这确实不是德国的问题，这个问题有待国际金融界去解决。债权人若想从德国收回利息和本金，或是战争赔款，唯一的解决办法就是继续向德国提供贷款，使它有能力支付欠款。

当听到德国人的陈述后，国际金融界开始颤抖起来。6年来，它一直向德国财政部、德国工业及银行投放大量资金，一直在说："如果世界想要让德国支付赔款，就必须提供巨额资金帮助德国发展国内经济。"而现在，德国却对债主们说："如果你们想要我还钱，就还得借给我钱，我再用这钱还你们。要想挽救你们的投资，你们必须先救助德国。"

那么，到底该怎样拯救德国呢？首先要做的就是免去德国的战争赔款。

德国人的话还没有说完，他们接着说："如果国际金融界不为德国提

20世纪30年代，美国得州佃农因拖拉机耕作而被迫离开自己的土地，他们失业了。拖拉机提高了效率，减少了农业对人力的需求。

供新的巨额贷款，那么就会发生下述问题。首先，德国丧失全部偿还外债的能力。随后，德国会在经济上走极端。它会置债主们的利益而不顾，置资本规则而不顾，置国际金融界在支撑德国高资本金融体系时所商定的协议而不顾，仅仅向世界市场倾销数不尽的德国便宜货就行了。"

这就是伦敦首脑会议所要面对的情况。

首先，我们很容易看出，德国正在沉没，因为它缺少支撑它漂浮起来的国际贷款。在通常情况下，就其特征来看，国际贷款是国际银行家们的事情。但是如今国际金融界已经失去了知觉。

德国造成的这个局面已经超出了国际金融界的财力、经验或者构想范围。国际金融界并不是银行，也不是金库，它只是一种机制，它很愿意帮助德国再发行5亿美元的债券——前提是这些债券卖得出去。但是哪里还有愿意再购买德国债券的人呢？现在整个世界充斥着正在大肆抛售的德国债券，很多债券持有者都在竭力卖掉德国债券。简而言之，国际金融界已无计可施了。也许这些首相、总理把智慧凑在一起能想出好办法来。不管怎样，这是唯一的希望，也是召开这次会议的目的。

会议于1937年7月的第三个星期在伦敦召开。世界上的7个主要大国均有代表出席，其中有6个是焦虑的债主，第7个是令人惊异的债务人。美国方面的代表是国务卿史汀生（Stimson）先生和财政部部长梅隆（Mellon）先生。

不管从哪方面看，这都是战后高级政要出席的最气派的一次会议。想象一下会议开幕时政要们例行的友好问候场景吧。想象一下英国首相在演讲中说，现在每个人必须撇开自身的利益，要从大局出发，考虑如何更好地为世界谋福祉，因为只有通过国际社会间无私的合作，各国才能走出当前的困境。

再想想接下来轮到德国发言时它有什么计划要提议，什么都没有。

德国很无助，它根本没有计划。德国仅仅陈述了所有的事实，然后让它的债主们去想解决办法。它能想到的仅仅是获得5亿美元的国际贷款，让自己得以保全。

至于能保全多久，它给不出答案。或许起码能坚持一段时间，也可能就是喘几口气的工夫。

德国用什么来为这笔贷款作担保？

什么都没有。德国很无奈，它已经没有任何东西可以用来担保了。

那如何确保贷款的安全呢？

这个也无法保证，除了承诺会偿还。

可是先前承诺会偿还的贷款已经超出了它的偿还能力，不就是因为这个原因才导致现在局面的吗？

这确实是问题所在。德国人对这一问题表现得很坦率，承认确实如此。

德国会像法国人建议的那样，用关税收入来为这一贷款作担保吗？

不会。

为什么不会？

因为德国民众不会忍受这种屈辱，任何胆敢同意如此提议的政府都会被德国民众摧毁。

那么，德国可不可以做出一些政治上的妥协来安抚法国人，比如停止建造军舰、解散令人不安的钢甲部队呢？

也不行。

为什么不行？

还是同样的道理，因为德国民众无法忍受这种屈辱，他们很快就会闹革命的。

那德国总可以同意不去修订条约吧？也许它会同意在危机结束后重新回到杨格计划，严格遵守而不是试图修改这一计划？

绝对不会。德国会睿智地提醒那些十分出色的协作者们，告诉他们现在处理的是一场经济危机，在经济危机问题上涉及政治难题明显是错误的，甚至是违反协议的。

　　既然什么都不行，那美国也就不会再提供类似于曾两度被耗尽的贷款了。德国有什么理由能让它的债主们再借给自己5亿美元呢？

　　这个问题的答案已经有了。德国认为它的债主应从自身的利益出发，而且必须这么做。如果它们拒绝提供贷款，任由德国自生自灭，那么由此带来的金融后果是不可收拾的。这些后果将不仅仅由德国承担——德国可能会沉没，不过与此同时，它的债主们会同它一道沉没，最终可能会导致世界范围内的金融崩溃。此外，德国将不会再有负责任的政府。假如那时候激进主义兴起该怎么办呢？不管怎样，德国肯定要自我拯救，虽然这么做的代价是拒还所有的债务，但这还不够。它还要借助其他手段对经济活动进行约束，如削减工资、降低物价、用德国商品冲击世界市场，等等。

　　德国如此无助，可竟然会挑战它的债主，会威胁欧洲的政治体系及整个世界的经济体系。它为何会如此蛮横？是因为它老谋深算？是因为世界糊涂无知？还是它集有利条件于一身？用"威胁"一词来形容它的言行合适吗？在注视着德国人的与会者中，甚至连最后一个问题都没人能给出答案。

　　一想到德国可能会在经济上走极端，英国人就深感不安。此前，皇家委员会（Royal Commission）针对恢复世界价格水平问题发表了长篇论述，得出的结论是，如果把价格维持在低水平将是一种灾难。不管付出什么代价或面临什么样的风险，哪怕需要启用系统性的国际通胀，也必须把价格维持在较高的水平，否则原先因期望得到利润而投入的资金将会永远损失掉。因此，"倾销"这个概念让英国人坐立不安，来自俄国的倾销已经够恐怖了，何况再加上德国。此时此刻，伦敦的媒体正在开展宣传活动以抵制俄国产品进入英国市场。如果德国也走上经济极端道路，想想它的手段、经验，想想它那长久以来想控制世界市场的野心，以及整个欧洲最强大、高效的工业机器，所有的这些是多么可怕啊！而德国人居然如此坦然地指出了这一可能的结果！

他们已经把话说得一清二楚，一点也不含糊，而且这种想法在德国日益盛行。德国媒体宣称，在没有获得国际金融界进一步帮助的情况下，政府出台一项自救的经济政策将有利于"摆脱那些有限制条款的政治协议和经济协议的束缚，这些协议只会遏制我们的发展"。德国媒体是在德国政府对其进行严格言论审查后说的这番话。

英国人可以想象那些堆积如山的煤炭从德国矿井口涌向欧洲，冲向意大利，然后毁掉英国的煤炭贸易；他们可以看到德国的制造品在外国市场上以低价与英国商品竞争。英国媒体在触及这个话题时显得小心谨慎，甚至干脆闭口不谈。但是《伦敦时报》的报道称，拉姆塞·麦克唐纳（Ramsay MacDonald）先生在会议期间把德国代表拉到一边，告诉他，德国推行的倾销政策将会与英国利益发生冲突，英国将会对其进行打击报复。或许他在说这话的时候根本就不知道该如何报复。

就这样，由6个焦虑的债权国和1个令人惊异的债务国出席的7国会议没能找到解决问题的灵丹妙药。冗长的会议仅提了两个建议，宣读完会议的成果，便休会了。这两个建议，第一个是由于眼下无法向德国提供新的国际贷款，与会的每个债权国应向各自国内的银行家们建议不要取回储存在德国的剩余存款；第二个是成立第三届国际专家委员会，研究德国状况，分析它的需求，然后给出研究的结果。

从债主的角度看，这场会议不让步，没东西可给，但不能担保的德国在三个方面取得了胜利。

1835年，约瑟夫·特纳绘制的油画。画中描绘了英国泰恩河上装煤炭的帆船。泰恩河流经产煤区，沿河运煤的历史至少已有600年。

其一，它得到了贷款——尽管这是债主们无意中给的。美国和英国各大银行以及那些被吓到或者劝服的银行同意不收回早已到期的存款和短期债券，让它们继续留在德国银行，这等同于再次借给德国7.5亿美元的贷款。钱在德国手上，还可以继续使用，相当于德国再次借到了一笔贷款。

其二，第三届国际专家委员会可以保护德国，使其免受债主的困扰。该委员会中的美方成员是纽约大通国家银行（Chase National Bank）行长阿尔伯特·H. 威金（Alber H. Wiggin）。他一贯主张大规模降低或完全免除战争赔款和战争债，他还认为美国应该降低关税，以便欧洲国家可以在美国市场销售更多的产品。

其三，德国最想要做的就是对杨格计划阳奉阴违——它也的确是这么做的。

第三届国际专家委员会所代表的是在经济领域找到方案解决德国赔款问题的最后一次尝试，却以失败告终。连德国政府自己都正式把赔款定义为纳贡，怎么还能找到解决问题的经济方案呢？那些相信赔款就是纳贡的人——德国人对这一点深信不疑，并不认为赔款就是债务，整个世界却希望德国能把赔款当债务来处理。只要德国人一直在想"这已经是战争以来的第16个年头了"或者"已经是第17个年头了"，债权国就无法对德国实施任何公共或私人的经济性解决方案。请记住，德国在战争中的敌人才是它的主要债主。

我们可以很容易地对1931年德国的金融危机进行经济分析，只需要一句话就可以将其概括：靠信贷资金发展为欧洲最强大、最高效的庞大德国机器是依赖借来的汽油（信贷）运转的。从这个事实来看，人人都知道最终将会出现什么后果。但是知道又有什么用呢？为什么德国能用借来的汽油运行自己的机器？为什么德国可以安全地把自己的汽油存在外国银行，而要从别人手中借来汽油呢？

1931年7月初，德国国家银行行长乘飞机在欧洲四处奔波，寻求5亿美元的国际信贷（汽油）来让德国机器继续运转下去，以避免德国破产。德国人自己估计那时他们在纽约、伦敦、巴黎、阿姆斯特丹以及其他金融中心有10亿美元的存款。德国在巴黎的存款数目是如此巨大，以至于如果德国破产，这笔存款在一天内被全部取走的话，那么法国金融市场必将受到重创。当然，这一危险是不存在的——德国人不会取走自己的钱，他们只想从别人那里要到钱。

你可以把这些看作引发德国经济危机的事实，它们很好地解释了这次危机的来龙去脉。但是人们又无法从经济层面对这些事实进行解释。如果德国人把自己的钱存在国内，那就不会发生金融危机了，他们就有充足的汽油来维持机器运转了，但是他们选择把钱存放在其他国家。尽管这一切已经解释得很清楚了，可法国人还是不能严格地从经济角度来看待德国危机。他们不停地问："为什么德国人要作茧自缚呢？"这肯定与经济原因无关。

实际上，一直以来，德国的经济负担根本就不是赔款债务，也不是财政负担，仅仅是精神上的负担而已，而这根本就算不上真正的负担。理由很简单，德国从未还过赔款。德国让整个世界替它买单，让债主用自己的钱偿付给自己。

起初，德国采用权宜之计：仅仅印刷纸币（马克），然后在全球任何有买家的地方兜售。人们确实买入了数目庞大的马克。马克的价格越低，人们买的就越多，而且买家们一直在说："德国永远不会赖债，赖债是难以想象的。"按照这一逻辑想下去：买入马克是一笔很好的投机买卖。这些将被拒绝还钱的马克买家们，还有那些收取马克作为持有德国债券收取利息的人们，支付了第一笔战争赔款，而不是德国。德国先用马克换取这些投资者的钱，然后又把他们的钱还给德国的债主们。当最后成捆成捆的马克的印刷和运输成本超过这些马克所能换来的资金时，德国便不再印刷货币，也不再支付赔款，然后对外宣布彻底破产了。

于是，法国人想到了一种严厉的办法——用武力收取赔款，后来，法国人开进鲁尔（Ruhr），占领了德国工业的核心区。法国人所做的这些仅仅证明了不能靠武力来向不情愿的人收取赔款。德国人不愿意操作机器，为法国人生产"贡品"。他们发动了罢工，制造了骚乱，更糟糕的是，他们威胁要捣毁机器或者通过搞破坏把机器卡死。想象一下吧，一旦不高兴的德国工人放下手中的活动扳手，将会直接导致法国人损失一百万法郎的"贡金"。这就是法国人在鲁尔面临的窘境。他们控制了德国的工业核心，可是就算法国人说"好吧，那我们没收机器，自己来操作，"但是这意味着要从法国本土调来工人和技术人员，这样一来就没利润了。如果法国人真这么做，那些在他们控制下的德国民众将会挨饿，会没事可做。进军鲁尔让法国人得不偿失，他们无法通过这种方式获得赔款。

为了打破这一僵局，欧洲各国一致请求美国介入，它们说："我们在情感和政治上已经疯了。我们唯一理性的认识就是还知道自己是谁。简单地说，我们已无法在经济层面上进行思考了。远在大洋彼岸的你们对问题应该会看得更清楚些，研究一下我们这些欧洲人下一步该怎么走吧。如果连你们也想不出好办法，我们可能就要化为云烟了，替我们制订个计划吧。"美国确实制订出了计划，并派其专家去处理问题。美国为欧洲带来了道威斯计划，德国对此表示同意，立誓"履行和约政策"，并且借了价值2亿美元的黄金用作执行该计划的启动金。

自从道威斯计划开始执行后，也就是自1924年以后，根据德国方面的数据，它的净支出赔款额达到了23.5亿美元。同时，它竟然还向其他国家借

德国鲁尔区。鲁尔区形成于19世纪中叶，是典型的传统工业地域，被称为"德国工业的心脏"。鲁尔区的工业是德国发动两次世界大战的物质基础，第二次世界大战后在西德经济恢复和腾飞中发挥了重大作用。

了37.5亿美元的巨款。也就是说，自1924年以来，它借来的贷款在支付完赔款后还有14亿美元的剩余。

这些贷款，大约有2/3来自美国，其次是英国，剩下的部分则来自法国、荷兰、瑞士以及其他借出国。其中3/4以上的贷款来自德国在世界大战中的敌对国。

仅仅说德国一边借钱，一边偿还赔款，或者说它每借来1美元贷款，先支付63美分的赔款，余下的37美分留为己用，并不足以道出故事的全部。资金流通是一个循环运动的过程，资金从一个方向流入德国，在这停留90天、6个月、1年或者更长时间以供其所用，然后从另一个方向流出，就像流水推动水轮转动一样。这一原理非常重要，它解释了许多原本无法理解的效应。资金并不仅仅是简单地流入流出，它会停留在那一段时间，为人所用，人们在谈论经济学时，说德国用借来的钱发展国内经济，以此获得偿付能力，然后用增加的财富来偿还赔款，正是这个道理。德国国内的经济发展确实令人吃惊，它知道如何把资金引流到机器的滚轮上。这也就是德国如今会成为世界第二大工业国的原因所在。当时，美国是世界第一，德国是欧洲第一、世界第二。

德国在以下三个方面投入了借来的大量资金：一是建造各类住房；二是在工业方面，重新构建工业体系，使工业合理化，增强工业实力；三是对基础设施的投入，如建设公园、公共浴室、娱乐中心、学校、体育馆、展览馆、新市政厅、新邮局、道路，甚至还有纪念馆。

德国人对建设充满激情。在住房建设方面，他们仅在1930年一年的时间内就建造了超过30万套住房。其中大部分住房是为工薪阶层、国家公务员，或者其他中等收入群体建造的。他们将一个大规模的住房建设区称为聚居点，因此德国出现了工人聚居点、铁路职工聚居点、邮局职员聚居点、单身人士聚居点，等等；同样还有在特定区域为富人建造的聚居点，我们可以将其称为大规模的房地产开发。这些住房建设规模是巨大的，而观察这些住房的最佳视角是在空中，因为一个聚居点或一系列公寓住宅的大小可能相当于一个城镇。而且，如果在地面上观察的话，你需要驾车开很长时间才能看完。这些广阔的新聚居点被建立在新开发的区域，原有的城市并没有得到改建，因此没有多大变化。德国人选择在新的区域建造新的事物，所有的改变都发生在城市周边。

德国的建设热情超出了必要的需求，变成了一种挥霍、一种试验、一种儿戏。这些房子是在新的时期，以新的造型，用新的材料、新的方式建造的。教堂是用钢筋和玻璃做的，而别墅、殡仪馆、酒店、学校、摩天大楼以及商业建筑现代风格浓厚，简直就是一场建筑盛宴。

看到德国如此挥霍借来的钱，许多债主非常愤怒，其中英国人和法国人比美国人更为不满，因为美国人对德国的挥霍程度不是很了解。德国人也承认这一点，他们实话实说，已经彼此谴责这种行为了。而说归说，做归做，他们并未停止建房。另外，他们还特意在将来能发挥作用的项目上投入大量资金，比如在科隆市建造第四座横跨莱茵河的大桥，现在这座大桥是欧洲的建筑奇迹之一。

法国人说："现在根本没必要建造这座桥。你们为什么要修建？桥梁又不能拿来当赔款。"

德国人回答说："我们总有一天会用到它，现在建这座桥可以为民众提供就业机会。"

这是德国人的天性和智慧——利用任何可以利用的资源使国家实力

得到增强，使人民的生活得到改善，尽管他们是借钱来完成这些的。从他们的角度来看，这么做无可厚非，他们建造的这些东西会一直在那。他们可能会没有了黄金，没有了信贷，但是机器、工厂、发电厂、桥梁、公共建筑、道路、实验室、条件更好的住所、公园，所有的这些东西都会一直在那，并不会消失。相对来说，对将这些钱消耗殆尽后该怎么办的思考并

　　包豪斯风格的建筑。1919年，"一战"遮天的硝烟和空气中的血腥味刚刚散去，德国建筑师沃尔特·格罗皮乌斯（Walter Gropius）在魏玛成立了一所旨在用新式现代教育手段来培养新型建筑与设计人才的学校，这就是公立包豪斯学校，简称包豪斯。包豪斯和魏玛共和国一样短命，仅仅存在了14年。最终包豪斯成为一个带有特殊的明确指代含义的专有名词。早在20世纪20年代，就有人把这些能被人一眼认出的设计形象称为"包豪斯风格"。

莱茵河上霍亨索伦桥全景及德国科隆美丽的城市景观，背景是科隆大教堂和大圣马丁教堂。

不那么重要。钱并非实物，仅仅是实物的代币而已，毁掉这些代币后，实物仍然存在，不会因为经济危机而受到物质上的损害。这些实物可以由新的代币来代表，这样的情况曾经发生过。大概10年前，德国的货币不是被彻底摧毁了吗？而这些货币所代表的东西，甚至包括无形的德国信用，都没有被毁掉。旧代币被摧毁后，可以创造新代币。德国的声誉也随之恢复了，整个世界又纷纷把钱借给德国。由于不加限制地使用贷款，德国创造了大量的社会财富，德国人可以切实感受到的有精品房、娱乐设施以及其他一些与人民福祉息息相关的设施。

也许除了德国人之外，没人能懂得错综复杂的德国政治，我们有理由怀疑连德国人自己都不懂。各大党派原先走的是中间路线，而后逐渐分化为左翼、右翼，右翼中有左翼，左翼中又有右翼，政党内部、政党之间一直争吵不断，人们争吵的内容不是关于某个想法，而是关于想法背后蕴含的哲理。任何新想法都要首先从政党利益出发，然后才开始考虑新想法的自身优点。这些政党总是不安好心地相互抱怨、排斥彼此观点，很明显，这些政党间的钩心斗角将一些原本纯粹的事实搅浑了。当你观察到这一点时，你可能会觉得德国没救了，要沉没了，这些政党哪里还会有方向感呢？但是当你观察在过去的10年里它们所经历的那些事，观察它们如何利用自身优势来与世界抗衡，你几乎可以确定马基雅维利[1]的思想在指引着它们。再回头看看德国混乱的政治旋涡，你可能会想到各政党互相抵消彼此的分歧、干预琐事的热情也被这旋涡吸收，以至于在脱离现实的领域，它们真正的智慧、民族的直觉或者任何指引它们的事物可以不受干扰地、更自由地牵引它们的命运。

例如，在1931年7月的危机中，德国人把他们的共和制政府转变成了独裁政府，而他们自己却对这一点完全没有意识。他们的宪法实际上已名存实亡，统治他们的是法令。他们的国会将权力上交，雇主们被要求扣

1　尼克罗·马基雅维利（Niccolo Machiavelli，1469—1527），意大利政治思想家和历史学家，是意大利文艺复兴时代的重要人物。他在其代表作《君主论》一书中提出了现实主义的政治理论，强调为达目的不择手段的权术政治、残暴、狡诈、伪善、谎言和背信弃义等，只要有助于君主统治就都是正当的。他的这一思想被后人称为"马基雅维利主义"。——译者注

除50％的应付工资，许多报纸被停刊，德国人想要出国必须交25美元的罚金，媒体对德国总理在伦敦开会的评论"被禁止"，以防这些评论影响到会谈结果。竟然没人对这一切提出抗议。在这种环境下，独裁统治是有必要的。它能自然而然地立足于德国，没有任何政党该对此负责，也没有任何政党在意，而政治旋涡还是和以前一样没完没了地发出争吵声。

如果德国真的在政治上走共产主义道路，那么将与俄国式共产主义有所不同。德国人不愿毁掉自己的东西，他们在推翻君主制后，从来没有想过要毁掉旧时代的象征——德国皇帝。德国皇帝在享有养老金的条件下被流放到国外，部分原因是为了安抚世界舆论。皇帝失败了，无人为他感到惋惜，但是皇储被迎接回国，如今作为一名右翼分子活跃于德国政界。德国人更不想毁掉他们的工具，也就是他们自己的工业生产力，因为这是他们心中希望的首要来源。

尽管社会现状有所改善，许多债主还是出离愤怒。他们一直说："站在德国人的角度，这些事都无可厚非，可德国人是用借来的钱做这些事的，他们甚至把钱用在一些连债主都消费不起的东西上。他们应该知道如果把钱用在这些地方，那么他们在债务到期时将无力还债。"

准确地说，德国人对此毫不了解，他们大概很少想到这些。就算他们想过，他们也不会在乎。为了了解其中缘由，我们还得继续以德国人的视角去探索。

首先，德国的大部分贷款是从美国人手里借来的，而每个德国人打心底里认为打败德国的是美国，而不是欧洲协约国。要不是美国有着数目庞大的资金，要不是美国先把资金借给协约国，并且直接参战，德国注定是会胜利的，而美国的财力改变了这一命运。

接下来再想想德国每一种思维方式背后所隐藏的情感信念，这种情感信念是怎样产生的并不重要，重要的是它要传达如下观点：外国密谋摧毁德国，不过这一阴谋没能得逞。除非《凡尔赛和约》被废除，不然世界上就无正义可言。这个和约之所以无耻至极，是因为它逼迫一个被全世界的武力所打败的民族承认自己有罪。

此外，德国人根本不认为赔款是债务，反而把它看作"贡金"。德国人私底下对其主要债主进行冷嘲热讽，其中一些矛头直指美国人。而他们正是轻而易举地从美国人手上借到贷款，以此上缴"贡金"的。这叫我们如何能指望他们会爱惜这些借来的钱呢？这是他们敌人的钱。他们一边用这些钱来增强国家的实力，一边算着战争到现在已有多少年了——14年、15年、16年。这些债主是何等愚蠢！

最后一个有关德国人的事实是，他们有着一个受伤民族所怀有的情感、思维方式以及动机。他们心里的伤痛挥之不去，这种情感是如此深刻且丑陋，以至于看上去像民族性的精神病——或许这就是事实。这种对抗世界的观念一直发挥着作用，使德国人民团结在一起。德国人有着自我怜悯的情感。

当德国人告诉你他们国家很贫穷的时候，他们自己对此是深信不疑的。千万不要被他们的外表所蒙骗，隐藏在这外表下的是一种苦涩的悲痛。德国的皮下组织是白色的，如果你能看见的话。这些都是赔款导致的。德国很无助，只能任凭债主们摆布。它的中产阶级被摧毁了，你能在摧毁中产阶级的时候不带来痛苦吗？于是，外人过来一探究竟。他们看到德国人日常生活过得还行，也尝试着过得开心点。但这是一种绝望，是一种生活在灾难与恐惧之下的民族行为，而事实并非如此。其实他们并不开心。如果商店非常繁忙，那是因为德国人对自己的钱不放心，所以要把钱花掉，购买物品储存起来，他们仍对通货膨胀心有余悸；他们出去吃一顿美餐，那是因为他们不知道明天会发生什么。

有个外国人在柏林用餐时，从几个表情严肃的德国人口中反复听到这样的话题，于是他试着去改变德国人的想法。

"我想象自己就是一个德国人。"他说道，"在1924年，我总会凝视星空。你们还记得战后发生的这些事情吗？或者还记得当时人们说，在战后德国出现了凝视星空的风潮吗？美轮美奂的天文馆正是在那个时候开始建造的。"

"记得。"他们回答道，脸上的表情稍显困惑。

"我把自己想象成一个1924年时的德国人。"他继续说道，"我和大家一样，当我来到天文馆，坐在那凝视头顶的天空时，我突然非常清晰地看到了德国的未来，有如梦境一般。"

"什么未来？你都看到了什么？"他们问道。

"别急，"他说道，"首先，你们还记得1924年时的德国是个什么样的情景吗？敌人在莱茵区游荡，控制着那里，想让德国屈服。法国人占领了鲁尔区，挤压着德国的心脏。外国委员会进驻柏林，观察并托管了那里所有的事务：德国破产了，货币分文不值，100万马克难以买到一份冷饭。"

听到这里，这几个德国人出现了痛苦的表情。

他接着说道："现在再说说我所看到的，我把自己想象成一个德国人，我看到了1924年之后的6年内德国发生了什么。我看到在1930年，德国会摆脱外国控制，敌人会撤出莱茵区，法国人会撤出鲁尔区；我看到在 1930年，德国会是欧洲基础设施最好的国家，它的工业实力在欧洲排名第一，在全球仅次于美国，位居第二；我看到在1930年，先不谈全世界范围，它在欧洲至少算得上是拥有最精致住宅的国家；我看到在1930年，它的贸易出口额将首次超过英国，这可是它长久以来的追求啊；我看到在1930年，德国将在大西洋上拥有两艘最新、最快的舰艇，它的海军力量可与英国相匹敌，它将再次拥有大型海上商船队伍，所有的配置都是现代化的。除此之外，它还建造船只卖给其他国家，在与英国的造船业竞争中

世界上第一座天文馆于1925年诞生于德国慕尼黑，位于德意志博物馆顶层。该天文馆是世界上第一个投影天文馆，所用的投影仪运用了当时最先进的技术。

占得上风；我看到在1930年，德国将在航空业上领先于欧洲其他国家，它拥有世界上最大的陆上飞机、世界上最大的水上飞机以及世界上数一数二的飞机场；我看到在1931年，当法国人在对德国的国际贷款上附加德国解散钢甲部队并停止建造军舰的条件时，足够强大的德国会对法国人说'不'。我看到一艘新的1万吨级战列舰，从而可以看出德国敌人们的愚蠢。他们满以为签订一项规定德国军舰不能超过1万吨级的条款就能限制德国的海军力量。其实刚好相反，这些反而激发了德国人的创造力。在这种限制条件下，德国虽然建造的是一艘1万吨级的战列舰，但是它的力量可匹敌其他国家2.5万吨级的军舰；我看到在1931年，足够强大的德国敢公开宣称'赔款就是纳贡'，这相当于发表了一则声明，宣布它要拒绝支付赔款，因为它足够强大。而与此同时，我还看到了它在6年里从敌人手中借来了比支付的赔款还要多的钱，这其实意味着它根本就没付赔款；我看到在1931年，没有武器的德国却足以强大到威胁整个欧洲的和平，强大到一旦完全释放其工业和研发能力，便足以威胁整个世界的经济秩序。画面到此就戛然而止了，我觉得我刚刚只是在睡梦中，这些仅仅是个梦而已。多么荒诞的梦啊！然而梦中所发生的一切都变成了现实。"

"是啊，这些确实成了现实。"这几个德国人说道，他们脸上忧郁的表情没有得到丝毫舒缓，反而更甚于先前了。"你说的这些东西都是真实的，但你不是德国人，你无法了解德国人的感受。德国目前的情况很危急。"他们说道。

这些德国人的脑子里到底在想些什么？德国失去的殖民地？法兰西帝国？新的法国防御工事？他们被孤立了？《凡尔赛和约》中的认罪条款？答案无从知晓。他们可能在想德国一直用以支付赔款的美国信贷资金突然中断会让他们处境恶化。如果美国不能继续向他们提供资金的话，他们的选择只剩下要么决定真正交纳这些"贡金"，要么在没有充分准备好之前拒绝支付赔款。

第五章

"金鸡"下蛋（大冻结之后）

外国，尤其是法国对黄金的哄抢威胁着美国的联邦储备体系，这种危险长久以来一直存在。这样的说法纯属猜测。这种猜测认为法国想要通过这种办法对战争赔款以及它欠美国的债务施加影响。可我认为这是无稽之谈。在我看来，这仅仅是一种猜测，只是法兰西银行的官员们在智慧上要比美联储的官员们略胜一筹而已。

——参议员、前财政部长卡特·格拉斯（Carter Glass）

于1932年2月1日在参议院

提出《格拉斯—斯蒂格尔法》时的讲话

（该法案是一项旨在保护美国黄金储备的紧急法案）

为进一步了解美国信贷在国外的情况，让我们先来看看下面这些场景和事情的经过。

1. 我们贷给欧洲很多钱，欧洲却对美元的黄金信誉大放厥词。我们的债务人竟指责我们的信贷！为什么？因为我们很随意就把贷款借出去了。正是由于这个原因，我们的债务人知道他们用较差的担保物便可借来许多贷款。

2. 另外，发生了一个按常理来说不该出现的场面：众多债务国哄抢债

1　《格拉斯—斯蒂格尔法》（*Glass–Steagall Act*），也称作《1933年银行法》，是一部对美国银行系统进行改革的法律，旨在保护美国的黄金储备。它是由民主党参议员卡特·格拉斯和众议员亨利·B.斯蒂格尔提出的。——译者注

权国的黄金储备，而该债权国签订协议，承诺不要求债务国偿还债务，从而作茧自缚，无奈又无助。

3. 该债权国发现自己竟然还要感激其中的一个主要债务国，由于它的慷慨相助，众多债务国停止了对该债权国黄金储备的哄抢。而先前的哄抢差点导致该债权国丧失黄金支付能力。

4. 还有这样一个场景：当一个主要债务国的总理到访美国，建议我们应本着国际友好的精神，把欧洲的战争债转嫁到美国纳税人身上时，居然还有人为他的此番讲话鼓掌。当他带着我们将会考虑他的建议这一承诺离开时，我们又给予了更多的掌声。

5. 美国信贷的躯体已经麻木不仁，而且有一种不幸感，可能在精神上也是如此。

基于发生的这一切，有了以上的猜测。

考虑美国在一年内延缓外国战争债的偿还，为防止德国出现违约而再次向德国提供七八亿美元的短期贷款，为了提高英镑的黄金信誉，美国为英格兰银行提供了一笔现金贷款。紧接着，美国又提供给英国财政部另一笔贷款。所有的这些加到一起，在1931年的夏天，我们为欧洲提供了价值至少15亿美元的黄金信贷，以避免金融系统的彻底崩溃。

我们借款给英格兰银行和英国财政部就是为了让坚挺的英镑继续与黄金挂钩，也就是说，让英镑保证其惯有的黄金价值。英国人自己也决心达到这个目的，因为如果英格兰银行满足不了人们用票据兑换黄金的需求，那么这将会导致违约、通货膨胀、英镑贬值，即英镑失去了原来的黄金价值。当然，这也将意味着英国信誉在世界面前颜面扫地。尽管如此，这些也注定在劫难逃。谁也无法阻止人们去英格兰银行进行兑换，它如此绝望

THE SURVIVAL OF THE FITTEST.

题为"适者生存"的漫画，为了庆祝金本位制战胜由民粹主义推行的银本位制。

地向纽约借款只会增加人们的恐慌。美国的黄金信贷被一捆捆地堆在一家注定要倒闭的银行的窗口处，试图以此来打消储户们的顾虑，让其不来兑换，却产生了相反的效果，因为没人相信这些钱够用。在英格兰银行最大限度地从美国借入黄金信贷后，在英国财政部为拯救英镑再从纽约借来2亿美元贷款后，英格兰银行却不再进行黄金支付，致使英镑的黄金价值急剧下降了1/4，英国改为实行纸币本位制[1]了。

1　纸币本位制是以国家发行的纸币为本位货币的一种货币制度。其特点是国家不规定纸币的含金量，也不允许纸币与金（银）兑换，纸币作为主币流通，具有无限法偿能力；同时，国家也发行少量金属铸币，作为辅币流通，但辅币价值与用以铸造它的金属商品价值无关。该制度在20世纪30年代金本位制完全崩溃后被世界各国普遍施行。——译者注

1886年时，英国伦敦证券交易所是欧洲第一大、世界第四大证券交易所。当时，它作为世界上最国际化的金融中心，不仅是欧洲债券及外汇交易领域的全球领先者，还受理超过三分之二的国际股票承销业务。

如今，英国脱离了金本位（Gold Basis）[1]，德国的金融冻结了，奥地利和匈牙利破产了，所有欧洲国家须支付给美国财政部的战争债也被延期一年。基本情况就是：欧洲可以用已贬值的货币支付战争债或者根本就不用支付，而我们欠欧洲的任何东西都被要求用黄金来支付，因为美国仍是实行金本位制的国家。

为了便于大家理解，让我来进一步阐明情

1　金本位亦即金本位制（Gold Standard），是以黄金为本位币的一种货币制度。在金本位制下，每单位的货币价值等同于若干重量的黄金（即货币含金量）。当不同国家使用金本位时，国家之间的汇率由它们各自货币的含金量之比，即铸币平价（Mint Parity）来决定。金本位制于19世纪中期开始盛行。第一次世界大战爆发后，由于各国对黄金的抢夺，金本位逐步走向终结。——译者注况。假设你在银行开了两个不同的账户，有一个账户欠了银行100万美元的长期期票债务，你还在一点点地支付利息。另一个是经常使用账户，你用这个账户借了一笔5万美元的贷款，你用这个账户进行日常交易。现在假设有一天，你走进银行，说："我无法再支付那100万美元期票的利息了。如果非得让我支付的话，我就会破产。"做了这番陈述后，你把自己交由银行处置。银行可以要求你还款，不没收你的质押品和财产，但是银行不愿这么做。于是它说："那好吧，既然现在你有困难，那我延缓你一年的利息费用，期票继续有效。"接着，你又说："可我的经常账户上还欠着5万美元的贷款呢，你打算怎么处理这笔债务？"银行回答道："好吧，知道你还要继续经营生意。我们就当你有偿还能力，还和以前一样处理你的账户。你可以继续用这个账户开支票，继续经营你的生意，情况应该会好转的。"很好，这样的处理方式对你而言很合理。你第二天又走进该银行，说："这种借贷机制让我感到不安。这样的信贷条件太宽松了，我怕自己的经常账户不安全，我要结清这个账户。这是5万美元的支票，请帮我兑换成黄金。"

很难想象一个债务人会做出这一举动。他连100万美元期票的利息都无力支付了，现在却要求兑换5万美元的黄金。尽管这件事情很怪，但是由于银行先前与他签订过协议，必须要把5万美元的贷方余额支付给他，而且如果他要黄金的话，银行还得用黄金支付，否则他就得宣布自己破产。

在个人和银行间发生这样的事情是很荒唐的，在欧洲和美国间发生类似的事情也是很荒唐的——尽管后者的规模以及高层的语言让事实本身变得模糊不清。

在欧洲欠下美国100亿美元的债务中，战争债所占到的比例不到一半，

1839年时的费城商人交易所和吉拉德银行。1831年，建筑师威廉·斯特里克兰设计了费城商人交易所（交易中心），画面最右边是吉拉德银行。

剩下的都是欧洲私人和公共机构从美国银行和投资者手中借的。即便如此，在美国，欧洲银行却有着大量的贷方余额，可随时支取。这笔余额有10亿美元左右，是通过多种途径产生的。当美国银行为了获得高利率纷纷把钱存入欧洲银行，尤其是德国银行时，欧洲银行却把钱存进美国银行——原因刚好相反，欧洲银行为的是保证资金安全，于是便出现了贷方余额，欧洲银行可随时支取。欧洲的出口商一直有把盈利所得存入美国银行的习惯。他们——尤其是德国的出口商认为把钱存在美国比存在欧洲更安全，这样的做法是十分明智的。几乎出于同样的原因，欧洲的私人投资者们一直在纽约购买短期票据，一有需要，便可即刻出售。此外，欧洲在美国的贷方余额只是新借的美国贷款所创造的利润所得，甚至包括在夏天借给欧洲、旨在防止欧洲金融崩溃的紧急贷款。现在我们将看到欧洲人将如何处理他们的贷方余额，换句话说，他们是如何对待我们的。

英格兰银行之所以中止黄金支付，是因为纽约的银行在它们的账簿上记下"项目——为英格兰银行提供黄金信贷并由其期票作担保"，欧洲的哄抢者们跑到英格兰银行取走实物黄金，包括金币和金条。在这样的情况下，英格兰银行就像一个漏勺，黄金快速流失。当纽约的银行停止在账簿上记下"项目——为英格兰银行提供的黄金信贷并由其期票作担保"，即不再借黄金给英格兰银行时，英格兰银行就立即停止向任何人支付黄金。它决定把剩余的黄金储藏起来，包括金库中的黄金和纽约银行账簿上的黄金信贷。

下面发生的事情揭示了国际金融界的异常现象。欧洲把目光投向了西方，这是一个悠久的历史习惯。将近450年来，它一直注视着西方的黄金，那儿有着巨量的美国黄金储备，暴露着价值50亿美元未加保护的黄金。欧洲手中握有打开这些黄金的钥匙，这钥匙便是它在纽约银行所拥有的可支取的黄金贷方余额，而这些余额中许多来自美国近期提供给欧洲的贷款所赚取的收益。欧洲所持有的能够打开美国黄金储备的钥匙正是我们无意中递给它的，美国的黄金储备在劫难逃。不管欧洲是如何获得这把钥匙的，我们都阻止不了它使用这把钥匙。我们无法对欧洲做出相应的要求，以挽回它从我们这里取走黄金所造成的损失。没错，我们确实在欧洲有着大量的银行结余，但是这些钱要么处于冻结状态，比如在德国，要么现在只能支取纸币，比如在英国，我们根本没法用这些结余换取黄金，然而欧洲却可以要求我们立刻用黄金支付它在纽约的所有贷方余额。欧洲每年要支付2.5亿美元的战争债给美国财政部，这本可以大大抵消它对美国的黄金索求，可我们给了它一年的债务延期，因此根本无法抵消它的黄金索求；我们在欧洲有着大量的投资，尤其是在德国，但是我们变卖投资项目是无法获得黄金的，而德国只要变卖它在美国的投资项目，就可以立即获得黄金；我们可以在柏林或伦敦出售美元，但我们照样无法换取黄金，德国却可以在纽约出售马克纸币来换取黄金，英国也可以在纽约出售英镑纸币来换取黄金。最终怪异的现象是：一个持有英镑纸币的英国人在英格兰银行无法兑换黄金，却可以通过在纽约外汇市场出售手中的英镑兑换黄金。

一个以黄金为本位币的国家应随时准备履行各种货币债务，不是用黄金等价物支付，不是用黄金信贷支付，也不是用一些可转化为黄金的东西支付，而是直接用实物黄金支付——如果对方这么要求的话。而且它在支付黄金时不能提出任何异议，不能拖延。因此，一个以黄金为本位币的国家防备外国对它的黄金储备进行挤兑的唯一保护措施，就是不断从债务国收回它已支出的同等金额。它从外国收取的应当等于它支付给外国的金额，否则它的黄金就会流失。尽管我们已经减轻了它们的债务，宽限了它们的还债期限，可我们欠它们的债务却没有相应减少，债务宽限只是单方面的。这种不符合逻辑的现象是：我们同意欧洲在1年期限内返还公共债务；我们无法从欧洲欠我们的私人债务中获得黄金，即便在那些没有违约的国家；我们同意不收回德国和奥地利欠我们的已到期短期信贷；我们在欧洲的银行余额处于冻结状态。这些全部加起来价值约100亿美元。尽管欠下我们这些钱，欧洲却仍可以要求我们用黄金支付它在纽约的信贷余额，根据我们的估计，这笔钱大概有10亿美元。此时我们却只有两个选择：要么用黄金支付，要么自动退出金本位。只要我们有一次拒绝支付黄金，那么从那一刻起，就意味着我们退出了金本位。

大约1910年，两个男性收割者拿着镰刀在田里行走。图为约泽夫·伊斯莱尔的《割草者》水彩画。

多么荒唐啊！债务国欠下各式各样无力偿还的债务，它们却可以通过债务延期和宣布破产来保护自己。与此同时，它们居然一拥而上，大量吞噬美国的黄金储备。在1931年7~8月间，欧洲吞噬的美国黄金信贷价值15亿美元，许多信贷都没有担保物，仅仅因为它急需贷款。1931年9月，欧洲又跑到美国银行系统挤兑黄金，而美国银行系统却没有受到保护。

我们自以为是地准备用黄金进行一些支付，我们设身处地地考虑欧洲的问题，想着如何能帮助英国回归金本位。其中一个办法就是不设置障碍，不阻止黄金从美国到欧洲的自然流动。我们愿意卖出或借出我们余下的黄金，可我们万万没想到这会引发哄抢。

欧洲不仅要求美国银行立刻用黄金支付它的存款，还卖掉了所持有的美国短期投资品，甚至包括持有的美国债券和股票，而且要求用黄金支付对价。而此时，美国国内本就已经出现了债券抛售狂潮，而且美国整个银行系统也处在高压之下。美国国内抛售债券的主要原因是我们在欧洲的投资被冻结了，而且情况危急。例如，美国银行被迫出售所持的优质债券，包括政府债券，因为它们在欧洲，尤其是在德国的巨额资产无法清算。本来情况就很糟糕了，欧洲还卖出手上的美国资产来换取黄金，使情况雪上加霜。

在短短的6周时间里，美国流失了价值约7.5亿美元的金币和金条，这相当于我们黄金储备总量的1/6左右。按照这样的速度，不出1年，美国持有的黄金将流失殆尽。

但是这一切并不是因为欧洲对黄金的需求比我们大，也不是因为拥有黄金就能让欧洲摆脱经济困境，哄抢背后的主因是恐慌，而不是经济或其他需求。欧洲为了自身利益哄抢黄金，趁现在能拿到的时候——也就是在它扯住"夏洛克"头发的时候——尽量拿。非黄金不要！只为拥有黄金后所拥有的力量！美国的黄金！哄抢美国黄金的诱惑难以抗拒。

很快，每日的黄金流动数据让这个怪异的现象变得清晰明了。不可否认，英国的确需要黄金，但是让我们感到惊讶的是，英国并未得到所需的黄金。我们之前流失的约7.5亿美元黄金，仅法国就拿走了1/3以上，但它根本不缺黄金——法国手上的黄金数量仅次于美国，比其他欧洲国家都要多。按人均计算，法国拥有的黄金比美国还多。

当英格兰银行停止黄金支付后，美国拥有的黄金储备量是50亿美元，法国拥有约23.3亿美元。但是美国的人口数量是法国的3倍，美国的国民财富至少是法国的5倍。考虑国家经济实力和排名，法国拥有的黄金要比美国多。美国人均黄金储备量不到42美元，法国的人均黄金储备量起码有57美元，而正是法国带头挤兑美国黄金储备的。

法国为什么还想要黄金？难道它担心美国会放弃金本位制吗？如果确实如此的话，这种担忧是一时兴起吗？这不太符合法国银行家们的做事风格。从他们的一贯风格来看，这么做是为法国的长远利益着想。

不管怎样，法国肯定会把这些黄金储存起来，为此法国在战后建造了一个世界上独一无二的金库。当然，每个国家为了储存黄金都会建造一个巨大的防盗金库，但是法国打算建造一个更深、更坚固，而且又很神秘的金库，甚至连一支击败法国的现代化军队也闯不进去。你可以用炸弹把法兰西银行炸毁，但它的黄金依旧安然无恙。金库的面积是2.5英亩（1英亩约等于4046.86平方米），位于61米深的地底下。在金库的正上方是深达12米的水层，这是法国人建造的一个用于阻拦巴黎地下水的湖泊。而在水层上方，有着厚达15米的坚硬岩层。进入这一岩层的办法是穿过6个铁塔，而每个铁塔都配有用电动引擎控制的旋转门。穿过这一层继续往下走，立马会被水淹没。只要一听到警钟响了，一小队护卫会立刻走过通道，上前拉动水闸，之后这一队护卫又悄无声息地消失了——被长时间地忘却，或者仅在战争期间被遗忘，因为金库里有事先配备好的一切东西。里面有厨房，有足够去两次北极探险的食物，还有餐具、日用织品、被褥，以及其他的一切生活所必需的用品及设施。

大概从1931年9月20日开始，每艘从纽约开往法国港口的快船都要把黄金运送到这个储存地。这些快船还为荷兰、瑞士、比利时以及德国运送黄金。德国冻结了美国价值10亿美元的银行存款和已到期的短期债券，却从纽约运走黄金。

美国在6周时间内损失了价值约7.5亿美元的黄金，不知道兑换狂潮何时能结束，也无法阻止这一行为，这是摆在美国面前的一个很严峻的问题，

1893年，贸易商在明尼阿波利斯粮食交易所竞标商品期货。

尤其是美国原本就已困难重重。没有哪个国家能长期以这种速度或比例流失黄金后还能维持金本位制，即便它拥有全世界的黄金也无济于事。

事到如今，我们只能责怪自己——单方面进行债务延期，事先没做好自我防护的准备。我们掉进了自己设计的陷阱里，自食其果。我们原本可以保护黄金储备免受外国无限制地哄抢，但是由于我们没有事先采取保护措施，这股哄抢势头以及所有接踵而至的后果就不可避免地降临了。欧洲的一些其他行为也让我们始料未及，例如，谁能预料到在对美国黄金储备进行哄抢的同时，欧洲会出现美元大幅贬值的谣言、影射舆论以及对此进行大肆宣传呢？但是这些真实地发生了——这些原本也是无法避免的，就算是再笨的人也明白这一点。

法国人对"美元即将大幅贬值"这一说法的态度是巧妙而又微妙的，英国人则显得直白而无情。当法兰西银行从纽约拿到黄金后，美国金融系统即将崩溃的谣言从巴黎迅速传遍了整个欧洲。法国媒体不停地、异口同声地说法郎是世界上最安全的黄金货币。然后法国政府又放出消息称，胡佛总统让美国银行家调用美国银行系统的信贷资金，以应对眼下纽约的清算风潮——其中绝大多数是欧洲为获得黄金而进行的清算。这一消息传出后，法国民粹领袖们得出了一个惊人的判断，他们宣称，美国即将发生通货膨胀，美元时代即将终结。现在人们会相信法郎是世界上最好的黄金货币这一观点吗？

很快，在欧洲所有的金融中心，美元迅速贬值。在波兰，美元近年来一直被作为价值单位标准，甚至充当波兰货币的保障性货币，现在却出现美元恐慌。《纽约时报》驻华沙记者在1931年10月9日发电文说："在巴黎传出美国政府决定放弃金本位制，华盛顿正在商讨增发美元纸币的消息后，今天一早，这里的人们立刻开始抛售美元。"一天之内，对通货膨胀仍心有余悸的波兰民众，以每美元95美分的价格向华沙银行（Bank of Warsaw）抛售了100万美元。这种恐慌持续了好几天，后来他们发现原来巴黎传出的消息是假的，这才恢复镇定。

英国传播这类消息的领头媒体是日发行总量达500万份的《罗塞密尔报》。该报纸天天刊登带有大字标题的社论文章，称美国即将面临信贷崩溃，同时劝告人们趁现在还能换到黄金，赶紧抛售手中持有的美元以及美元债券，例如，"鉴于美国方面的报道显示事态十分严重，请把你的钱拿回英国。现在正在出售美元债券，是把钱拿回英国最有利的时机。""卖掉美元债券和法郎债券，不要被套住了。华尔街崩溃，将产生非常深远的影响。""谁是下一个放弃金本位制的国家？——美国银行业的状况未见好转。"。诸如此类的话题被日复一日地制造着——采用同一种口吻，传递同一种意思。与此同时，英格兰银行和英国财政部总共还欠美国3.5亿黄金美元。

整个世界的金融神经紧绷着。这些被拉扯的神经已经到了崩溃的临界点，各式各样的破产隐约可见。此时此刻，法国总理必须与美国总统会面，讨论当前世界所面临的问题，寻找一切可能的解决方案。

法国想要的是什么？我们已经基本上知道法国想要什么，甚至还知道一些细枝末节。首先，法国想要摆脱欠美国财政部的那些战争债。它希望美国政府能将这些债务免除掉，转而由美国纳税人自己来承担。在达到这个目的前，它还想继续从德国那里获取赔款。因此，它想挽救杨格计划，而德国人、英国人以及许多美国人在去年夏季的伦敦会议上，尤其是在威金斯专家委员会作出报告后，就已经认定该计划失效了。法国之所以要挽救杨格计划，是因为该计划规定在任何国家重新收取赔款前，德国首先应向法国无条件支付一笔金额。法国不想胡佛的战争债延期计划超过一年以上。它希望先从德国收取赔款，然后向美国财政部支付相对较少的战争债，就像以前那样。战争债延期本来就会让它一年损失将近1亿美元，即德国支付给它的赔款减去它向美国财政部还债的钱。然而它要求作为德国的优先债权人享有特殊优待，因此它没有损失这1亿美元。由此可以看出，法国想要获得任何能增加它的实力和国际声望的东西。

这些与当前出现的黄金危机又有何关联呢？当然有联系，它们之间的联系马上就要浮出水面了。

当法国总理乘船前往美国时，法国的报纸称这次访问具有重要意义。然而，突然出现的一则关于法兰西银行对美国银行发出最后通牒的消息令我们震惊不已。最后通牒的内容是：除非美国银行提高利率，否则法国将不会继续把信贷余额留在美国。如果利率没有上调，法国就只好把剩余的信贷余额取回。这笔信贷余额约为6亿美元。

以下是《纽约时报》于1931年10月20日早上刊登的一则新闻报道：

"昨天，在美国存有6亿美元短期信贷余额的法兰西银行致电纽约银行，说纽约当地的金融机构为外国央行存款支付的1.5%的利率无法让人满意。这家法国发行银行又表示，除非提高利率，不然它将取出这笔巨额的美元信贷，再存到别的地方去。"

法国要求提高利率，间接地威胁要以黄金形式取走法国拥有的美元信贷余额，这在华尔街引发了各种不同的反应。有些银行家认为法国的这

1915年，巴黎警方阻止一群人向一家法国银行去取款。第一次世界大战中，法国虽然是战胜国，收复了阿尔萨斯和洛林，夺取了德国的一些殖民地，但损失惨重。战后法国经济严重困难，政局不稳。为了恢复经济、扩大生产，政府阻止人们把储蓄从银行中取出来。

一举动试图向美国市场规定法国不撤资的前提条件。他们期望看到法国撤资，虽然美国近来流失了大量黄金，但它不必害怕法国的此类举动。舍弃这笔无法控制的应付款会有很多好处。如果没有取走这笔应付款，可能会令人十分尴尬。其他资深银行家认为稍微提高些利率就能满足法兰西银行的要求，或许提高2%左右。他们强调这一观点是想指出双方可以达成易于接受的条件，来留住法国在美国的信贷余额。

第一，这笔余额的数目是惊人的。长期以来，法国在美、英两国积累了巨额信贷余额，其数额远远超出我们的想象，也远远超出对华尔街的了解，因为这些信贷余额是分散在各处的。

第二，法国的这些信贷余额代表着什么呢？除了代表法国存放在美国银行的商业利润外，还代表着：（1）美国游客在法国用来兑换现金的支票；（2）美国借给德国用于支付法国赔款的贷款。这些都是很容易理解的。当美国游客用支票在法国银行兑换现金时，法国银行也就获得了美国银行的信贷，这些美国银行的信贷属于黄金信贷。因此，法兰西银行把这些信贷当作黄金储备，以它们为担保在法国发行流通货币，好像这些就是手中的实物黄金似的。美国借给德国用于支付赔款的信贷也是同样的道理。德国把在美国银行账簿上的信贷转给法国，法国把这些钱存放在美国银行，但要收取利息。

第三，作为我们的债务国，法国在欠我们左边钱袋37.5亿美元，今年分文未还的情况下，居然还要求从我们的右边钱袋中再取走价值6亿美元的黄金，这太不公平了！但是它有这个权利——如果它坚持这么做的话，美国只得把黄金给它。法国之所以可以这么做，是因为美国财政部给予它1年的债务延期，1年内不用还债。

第四，一个国家的中央银行因为利率太低或者别的原因而警告另一个国家的银行必须以黄金的形式取回其全部的信贷余额，这种做法是前所未有的。谁也想不到居然会发生这种事——正常的国际金融活动中是不会出现这种事情的，信贷余额是不断流动的。如果纽约的利率比伦敦高，那么信贷余额会自动流向纽约；如果伦敦的利率要高点，那么这些信贷余额又会从纽约流至伦敦。这无须赘述，唯一不同的是银行数据。

现在法兰西银行非常清楚，美国已有很多黄金流向了欧洲——其中大部分流到了法国。如果再一下子失去6亿美元黄金的话，美国的处境会非常艰难。请注意，如果法国人相信他们在欧洲散布的那些关于美元贬值和美国金融状况堪忧的谣言，那么他们肯定也相信从纽约一次性取走6亿美元的黄金将会使美国放弃金本位。当然，如果美元步英镑后尘的话，那么法郎势必会成为首要的黄金货币，独霸世界金融市场。

法兰西银行真的会像它说的那样做吗？这个问题很值得研究。如果把它的话看作纯粹的金融主张，那么你能够猜测到如果法兰西银行真的想以黄金形式收回6亿美元的信贷余额，也不至于笨到提前说出自己的意图——任何一个小镇上的银行家都对此心知肚明，因此，实际上，法兰西银行很有可能是在虚张声势。法兰西银行在法国的地位就像英格兰银行在英国的地位一样——它是金融界的大哥，所以说，法兰西银行其实是在虚张声势，借此把事情抬高到政治的高度。

以对纽约的利率不满为名，法兰西银行向美国、欧洲以及整个世界展现了一个惊人的事实：法国差不多有能力让美国的银行体系脱离金本位，让美元步英镑的后尘。

这是法国总理与胡佛总统在美国白宫讨论世界问题，寻求解决之道时所持有的一张牌。但是这个被揭露的事实难以缓解世界各地的紧张态势，也无法阻止民众储存黄金——这已经成为世界范围内令人生畏的风潮，而且极有可能变得不可收拾。

在华盛顿，人们度过了一段焦虑不安的时期。公共舆论被严格审查、被禁言，防止人们讲出任何冒犯法国的话来。华尔街该怎么办呢？它还能怎么办呢？如果它顺应法兰西银行的最后通牒提高利率，那么这就是变相承认了法国的实力。如果它拒绝那样做，将会发生什么呢？法国真的会把黄金取走吗？

但是有一句正确的话可让华尔街去说——如果华尔街当时真的这么说了，那么人们会永远记住这句值得称颂的话。华尔街可以这么说："这里是纽约，我们只按纽约的利率来付息，不管利率是高还是低。如果法国真想取回它的信贷余额，那就让它取走吧。如果它想用黄金支付，我们的黄金将随时为它备好。"

备受人们尊崇，在华尔街有着圣经般威望的《金融纪事报》（*Financial Chronicle*）称："法国此举试图向美国施加金融压力，这是令人唾弃的。这与欧洲最近时不时使用的政治伎俩如出一辙。"

"美国的银行家们相信美国不会畏惧这种举动，只要美国人自己临危不惧。我们认为这是我们的银行机构应该持有的正确态度。法国在德国金融崩溃这件事上扮演了重要的角色，它撤走了存放在德国的大量短期信贷，随后外国政府纷纷效仿，也撤走了它们的信贷和存款。那时候外界普遍认为法国主要是出于政治上的考虑来做这件事的。可是在后来，它又开始从英国撤走资金，虽然事后法兰西银行害怕可能会引发不良后果再次向英格兰银行和英国注入新的信贷资金，但为时已晚，已无法挽回英国停止黄金支付这一结局。"

"法国现在又以同样的方式打算从纽约撤走巨额资金，尽管我们难以想象法兰西银行此举有什么不可告人的秘密。不管怎样，此举的后果是在整个欧洲引发了一连串的不信任感，导致其他的欧洲主要国家也纷纷从美国撤走资金，尤其是荷兰、比利时以及瑞士。在这种情况下，最好的应对方式无疑是无视所有威胁（如果法国此举真的存在威胁的话），让法国使出最恶毒的伎俩，如果它真打算一意孤行的话。"

法兰西银行的任何其他说法将使美国信贷在世人眼中变得一无是处，而这种强硬的说法产生的效果是，在所有的国外金融中心，美元的声望提高了，而且美元升值了。当我们回顾发生在1929年时的混乱事件时，华尔街那时坚定不移的行为对美国乃至整个世界都是至关重要的。当时世界所需要的仅仅是一个能够让人安心的稳定临界点而已。

后来，当法国总理再次访问纽约时，他手上的那张牌已经不如原先赴美国时有那么重的分量了。尽管如此，他还是用了这张牌来展示法国的宽宏大量，他承诺法国会协助美国维持金本位。

10月25日，胡佛总统和法国总理赖伐尔在白宫发表了一份联合声明。联合声明中有这么一段话："我们坚信稳定的货币体系是恢复世界经济活力的关键因素。在这个过程中，发挥重要作用的将是维持法国和美国的金本位制。"

那么，法国将如何为世界货币体系的稳定做出自己的贡献呢？法国又将如何协助美国维持金本位制呢？这也就是说：在对法国欠美国财政部的战争债作重新审查，在杨格计划下对德国偿还能力作重新评估时——其中法国是德国的优先债权国——法国将不再对美国的黄金储备提出不合常理的要求。

10月26日，《纽约时报》驻华盛顿记者在关于胡佛和赖伐尔会谈的新闻报道中这么写道："联合声明以谨慎的方式让外界知道，胡佛总统和赖伐尔总理决定两国政府将合力维持金本位制。此次会谈的成果包括：赖伐尔总理保证纽约黄金的异常流动会停止；各方应在现有的杨格计划条款的基础上对德国赔款偿还能力进行重新评估；在杨格计划委员会对德国的金融状况做出报告前，美国将暂停调查欧洲债务以确定债务国还款能力的活动。"

1930年，一名失业者在华盛顿特区的国会大厦附近卖苹果。他是从国际苹果托运人协会处获得苹果的。

当一个国家要取走另一个国家的黄金储备时，用"反常"这个词来形容着实很奇怪。当一个债务国索取债权国的黄金储备时，这就显得很反常、很奇怪了。而一个债务国居然能以承诺不对债权国的黄金储备提出反常要求的方式来施惠于债权国，则显得更奇怪了。为何法国能对美国的黄金储备提出反常的要求？

话说回来，到底什么才是反常？赖伐尔先生所指的是原则上的反常吗？10月26日，他乘船离开美国。而就在同一天，法兰西银行从纽约取走了价值至少2000万美元的黄金。在第二天，它又取走了价值1800万美元的黄金，但是在第三天，它只取走了价值350万美元的黄金。法兰西银行在三天内取走了价值4150万美元的黄金，这无疑是一笔大数额。然而，有迹象表明这种情况会出现好转。虽然我们仍有大量的黄金被转移到法国，但是与此同时，我们也从外界吸收了黄金，因为美元最后通过自我调节，使得世界恢复了对美国信贷的信心。

一个实行金本位的国家好比是一家银行，它首先要对自己负责，要保持自身的货币、信贷以及资产的完整性。而如果被迫考虑对他人的责任的话，那么不管出于什么目的，它终将无力对他人负责，因为它没做到首先要对自己负责。这是唯一的定律。

在上年10月我们正遇到困难的时候，美国联邦储备委员会（Federal Reserve Board）的一名委员说："这不仅是历史上最严重的金融危机，而且原先一直存在的东西也不见了。整个世界有一种缺少了些什么东西的感觉，比如说一块熟悉的岩石、一个摆轮、一项坚定的原则。到底缺失了什么呢？那就是英格兰银行。英镑的价值变得很不稳定，每小时都在变动。此前我们从未碰到过这类情况。"

事实确实如此。这就是为什么说英格兰银行停止支付黄金是一个令人震惊的金融事件。1英镑不再等同于4.86美元的黄金，英镑也不再是衡量所有东西的标准价值单位。现今连英镑自身都需要用其他东西来衡量，比如美元。假设美元也遭遇同样的情况，那会如何呢？美元刚刚成为世界上最海报上，光着脚的孩子推着装满蔬菜的手推车，"在美国的学校花园里帮助胡佛。"第一次世界大战期间，未来的总统赫伯特·胡佛是美国救济委员会主席。

稳定的价值单位，假设1美元不再能兑换100美分的黄金，而是只能得到90美分、80美分或者70美分的其他东西，比如说法郎，那又会如何呢？

长久以来，在战争以外的时期，在世界市场上占主导地位的英镑在任何金融环境下都是通用的价值单位，每年会为英国带来三四亿美元的收入，其中包括从世界其他地方赚取的银行利润、贴现所得、佣金收入、利息和手续费等。美元代替英镑在国际贸易活动中占支配地位同样每年会为美国带来近3亿美元的收入。或者可以说，如果法郎获得了这种主导地位，法国每年也能得到这样数额的收入。

你可以由此看出，单单从国家收入上看，美元和法郎之间就牵涉了不少利害关系。你还可以了解到英国因此失去了什么。同时你还可以理解当英国人说英国放弃金本位制是件好事的时候，其实他们的意思是英国及时吞下这颗苦果是明智之举，因为如果继续等下去的话，那么它就将失去难以挽回的财富。现在英国人要更努力地工作、更努力地开展贸易、更节俭地消费、更简单地生活，直到英国再次具备偿还能力为止。英国的贸易出口将会增加，原因如下。英镑贬值意味着英国商品在世界市场上变得比以前便宜，换句话说，其他国家人民手上的金钱能买到比以前更多的英国商品。英国国内的物价会上涨，但是涨幅不会超过英镑价格在国外的跌幅。由于物价上涨，英国的实际工资会下降，因此生产英国商品的劳动力成本就会下降，英国人的生活水准也会随之下降，至少暂时是这种情况。任何一个国家一旦失去货币完整性，都会发生这种情况。

确实，你会听到一些英国经济学家发表这样的言论：不是英镑辜负了金本位，而是金本位辜负了这个世界。因此，他们称世界最好用别的货币制度代替金本位制度，看看新制度是否能够运转得更好些。在英国，这还是一种新颖的想法，可是在世界其他地方，这种想法都已过时了——推卸责任给货币制度！如果英国未曾放弃金本位，它会是世界上最不愿说金本位制导致了过去的3年国家运行不畅——在过去的3年中，这种货币制度一直糟糕地运行着，但它只是在履行其职责。如果英国没有脱离金本位，而其他国家都脱离了，那么英格兰银行会说："虽然这很难接受，但金本位制就是这样运行的。"这种说法是很无情的，也是很自私的，但或许是正确无误的。当初英镑是如何在世界上获得主导地位的？英镑获得如此高的声望是因为英国人向来首先对自己负责，也就是说，他们对自己货币和信贷的完整性负责。事实上，就像这个定律所表明的那样，英国人越是注重对自己负责，就越不会辜负对世界的责任，包括维持摆轮的正常运转。如此一来，英镑也就成了稳定的象征，而稳定是整个世界的重要财富。

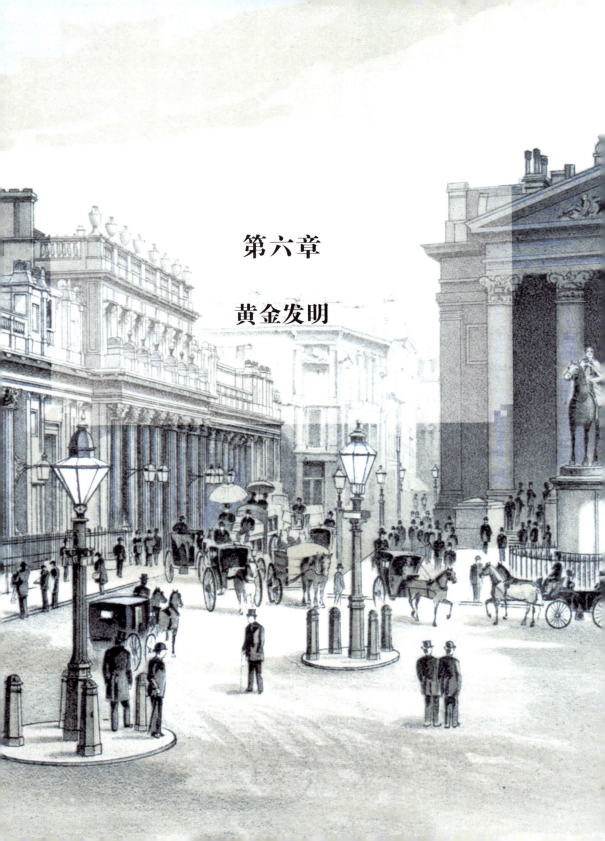

第六章

黄金发明

人类为了追逐自身利益，践踏了所有的律法。

金本位的真正意义与黄金本身无关，就像一张纸币的真正价值不在于其材质一样，其真正的意义在于它是一种契约，一种需要我们遵守的契约，一种信用契约，而非黄金契约。黄金不过是表示这种契约的一种偶然象征。几乎所有东西都可以成为这种象征，仅仅是因为在长期实践中，人们发现黄金比其他东西更适合作为这种象征——黄金仅仅是个象征而已。白银也曾充当过这种象征。最早的一元英镑是用一磅白银表示的，最早的美元同样是用白银表示的。把白银看作象征时，这种契约依旧不变，因此违背这种契约会产生一样的后果。

黄金的价值可由我们主观设定，一码的长度也是如此。但是就像销售时有必要用码来衡量布匹，用吨来衡量煤炭一样，我们同样需要为一码布和一吨煤设定价值单位。用某种绝对不变的价值来为它们标价当然最好，可世界上没有这种东西。相对来说，黄金的供应是较为稳定的，它有较好的耐用性，而且几个世纪以来人们在岩石中淘取黄金的劳动消耗也没多大变化，基于这些原因，黄金是人类迄今为止发现的可用作货币的最稳定的东西，所以人们选择了它。

当作为货币的时候，黄金的数量以前是非常重要的，不过现在已经不是这样了。我们只需用一个小仓库就可以装下世界上所有的货币黄金，然而如果信贷机制和交易机制能够很好地运行，而且人人都遵守契约，人人都互相信任，一吨就是一吨，一盎司就是一盎司，那么黄金就能用于现代的各种目的。黄金的一个显著特点就是它具有延展性，在两块以牛大肠为材料制作的优质皮革之间，我们可以把黄金捶打到几乎难以看见的1/300,000英寸的厚度，这样一格令¹黄金就能延展到0.036平方米。

古代金匠的高超技艺让我们感到震惊，使我们更加震惊的是黄金在虚构尺度上的延伸能力。人们可以用同样一块金属，打造出一块纯虚构的黄金，或者可以说具有黄金功能，而这种黄金虚构物或者黄金功能是可以无限延伸、无限分割的。这种黄金虚构物或黄金功能的全称就是信贷。这种延伸和分割黄金功能的活动——也就是创造并释放信贷的活动——是由银行家、银行系统以及政府进行的。这种契约，即金本位的真正意义，仅仅在于他们的执行标准，也就是创造并释放的信贷数量应该与他们手上的黄金储备量有一定的联系，这种联系可以用"比率"来表示。这种比率是经常变动的。如果世界上商贸活动的增长速度快于黄金的供应速度，以致人们确实需要更多的货币和信贷，那么这一比率会相应提高。

正如许多人认为的那样，这个比率本身并不重要，尤其是许多债务人想要用劣币来支付他们的债务，或者债权人想要获得良币。以下看似简单的三点，事实上却非常重要。

第一，必须要把一些比率确定下来。

第二，应该在所有人都理性的情况下共同确定这些比率。

第三，要严格遵守这些比率。

限制那些被肆意创造和释放的货币以及信贷的数量是黄金的现代职能。

1　格令（Grain）是英制度量单位，1格令=65毫克=0.065克。——译者注

1908年，在纽约曼哈顿的小意大利区，警察保护一家倒闭的银行免遭惊慌失措的储户冲击。

在经济活动中，人们不断创造出一些新的、试验性的信贷，我们也很喜欢拿这些信贷欺骗自己，对"任何形式的信贷都代表着债务"这个事实视而不见。我们知道自己会欣喜若狂以及产生集体性的错觉：我们知道在某个时候，人们在诱惑之下会疯狂开动印钞机，通过无限制地增加债务来让自己变得无比富有，就像1928年和1929年时那样。由于我们对自己有着这种深刻的认识，于是我们在事先制订了一些限制条件。我们规定，不能在超出与黄金的特定比例范围外发行货币、信贷以及债务，否则我们就会受到严厉的处罚。如果这还不行，那么就继续加大对我们的处罚力度。

只要人们信任信贷，并且能严格遵守这种契约，就会没人真正想要黄金。人们知道什么是虚构的东西。他们可能会在看到银行公布的相关数据时知道，银行的负债规模已超出了其黄金储备量的20倍，可他们不会对存款的黄金价值感到担忧；他们可能会在看到政府公布的公共财政数据时发现，黄金储备只有市场流通货币总量的1/2或者1/3，然而他们仍旧会把纸币当作黄金一样对待。尽管没人认为一个国家，无论多么富有，会做到用黄金来偿还自己持有的债券，然而人们仍旧把国家的债券当作黄金一样对待。只要人们能够遵守这种契约，那些想要黄金的人们可以自由地取出黄金。

这难道就像教科书上常说的那样，是依靠一个虚构的平均法则在冒险吗？不。这表示一种确定无疑的东西，意味着如果用黄金为每种物质财富标价，并将这些东西列在一个库存单上进行汇总，那么它们的总价值会超过人们手上所有的货币、信贷以及信贷抵押品的价值。

但是假如人们的信仰破灭，假如人们幻想这种虚构的财富是真实存在的，假如人们不去遵守信贷限额，大肆发行信贷，就会造成现在这种我们无法为任何东西标价的情况产生，我们无法确定它们的价值是多少。

在短期内，这种所有东西价值的不确定性反而让人们欣喜若狂。人们会标高所有东西的价格，直到高得不能再高。然后人们会产生一种错觉，觉得东西变得越来越贵、越来越少了。其实这些东西之所以变贵，是因为为它们标价的货币和信贷的价值下降了；这些东西之所以好像变少了，是因为人们认为价格还会继续攀升，因此纷纷购买。突然疑云笼罩在人们的心头，继而是恍然大悟之后的恐慌。在不知不觉中，通货膨胀已经让黄金代替物贬值了。人们丧失了对黄金代替物的信心。所有人都争先恐后地抢夺黄金,因为它是唯一真实的东西。不仅个人在争夺黄金,连庞大的银行系统以及政府都和人们一起争夺。这就是所谓的金融危机。

现在发生了上述这些情况,但它们并不是由金本位引起的,而是由于人们丧失了对金本位的信仰。换作其他货币制度,这种情况照样会发生。

导致信仰破灭的责任在谁?我们都不该为信仰破灭负责。美国的银行业是有法律监管的。之所以出台一系列的相关法律,是因为我们不相信银行家们不会做出有损自己和储户的行为。美国监督银行业的法律要多于其他任何国家。尽管有很多法律条款,美国银行的倒闭风险却比其他国家要高。联邦政府和州政府调派了数千名审查员在全国范围内审查银行的私人

1911年,纽约发生银行挤兑风潮。

账簿，审查它们是否具备偿还能力、是否依法办事。法律规定，当某家银行被审查员查出没有偿付能力时，便会被立刻查封。尽管有这么多法律和措施，倒闭的美国银行数量依然比其他国家多。

另外我们还假设银行更多的是关注利润，而不是自身的偿付能力。如果不对银行进行监管的话，它会毁在自己的贪婪之下。所以，我们必须对银行进行监管。拥有特权的稽查员们有权对银行进行突击检查，说："让我看看你们的账簿。"接下来银行就被查封了。

我们永远无法通过制定相关法律来避免银行倒闭。尽管法律为银行用人们的存款从事的风险活动设定了限定，但事实证明，这种法律相当不可靠。一个好的银行家不会因为有了法律规定就不去冒险了，他应该根据自己的判断行事；而一个鲁莽的银行家不管法律怎样规定，总能找到办法来满足他的贪欲，甚至有办法在不违法的情况下从事贪婪的活动。

第七章

债务账簿

一

免去所有债务。

——英国首相拉姆齐·麦克唐纳（Ramsay MacDonald），这是他在
1931年竞选演讲中关于战争债和赔款的话

这种艰难的工作被戏称为债务偿还。

——劳合·乔治（Lloyd George），这句话出现在他于1932年写的《关
于战争债和赔款的真相》一书中，讲的是英国与美国财政部间的协定

1917年春天，德国人似乎正逐步走向胜利。约翰·潘兴（General Pershing）将军在他的《最终报告》中写道："不能说德国人最后取得战争的胜利是不切实际的幻想，不管是从当时的形势来看，还是从历史的角度来看，协约国面临着严重的财政困难，物资正逐渐耗尽，而且军队伤亡惨重。它们的人民不但对战争毫无斗志，而且整个军队也弥漫着这样的气氛。"

---

1 拉姆齐·麦克唐纳（1866—1937），英国第一位工党首相——译者注
2 劳合·乔治（1863—1945），于1922—1926年担任英国首相，第一次世界大战后半期在英国政坛叱咤风云。1919年他出席并操纵巴黎和会，签署了《凡尔赛条约》。——译者注
3 约翰·潘兴（1860—1948），美国著名军事家、陆军特级上将，又称"铁锤将军"，第一次世界大战期间曾任美国远征军总司令。——译者注

协约国的财政形势正在恶化，它们的资金马上就要用完了。

1917年3月，那时美国尚未参战，美国驻英国大使佩奇向他在美国的弟弟寄去一封信。信中说："我和我的同事正在询问每一个人：美国如何才能为协约国提供更好的帮助？他们的观点并不令人吃惊，反而非常有意思。杰利科（Jellico）认为，提供更多的舰船、商船，各式各样的船只。贝尔福（Balfour）认为，为维持现有的汇率提供足够多的美国信贷。博纳·劳（Bonar Law）同意贝尔福的观点。军事人员认为，派遣一支远征军，规模不限，只要能达到将美国国旗插在欧洲大陆上的效果即可。"

贝尔福所说的用足够的美国信贷维持汇率的意思是，动用所有信贷资金来支持英镑的外汇价格，也就是维持英镑在国外市场的购买力，尤其是维持在美国市场的购买力。美国信贷会带来更多的物资和武器弹药，甚至能带来杰利科想要的船只。尽管信贷无法带来人力资源，但协约国现在急需的是信贷。派遣一支小型远征军把美国国旗插在欧洲大陆上，哪怕只是一个团的兵力，也能提高协约国军队的士气——是的，这样做是非常值得的，不过协约国首先需要的是信贷。

"协约国自己也承认，在我们参战的时候，他们已经绞尽脑汁，不知道该向谁求助以获取所需的物资。当美国打开金库的一刹那，一切都变了，这便有了我们现在看到的这个结果。我们的援助使这场战争结束了。我们为协约国提供了大量的武器弹药，以便它们能继续作战，与此同时，我们招募并训练士兵。当签署停战协议时，我们大约有200万士兵驻扎在法国。在6个月的时间内，驻扎在法国的美军人数会增加一倍。为了让这些士兵能乘船到大西洋彼岸作战，我们从欧洲购买了大量军用物资。我们以高于美国国内的价格来为这些物品付钱，甚至还要支付运输费用，但这是正确之举，因为这样我们就可以把士兵运送到战场上了。"（摘自哈维·E. 费斯克（Harvey E. Fisk）的《盟国间的债务》一书。该书由纽约银行家信托公司于1924年出版。）

美国于1917年4月6日加入协约国一方，向同盟国宣战，直到战争结束后的巴黎和会期间一直站在协约国一方。

4天后，筹款委员会在国会上第一次提出了《自由公债法案》："在整个世界的历史上，从未有哪个国家把如此大规模的债券发行法案提交给任何一个立法机构。"

该法案允许财政部以美国政府信誉作担保来向民众借取50亿美元资

1919年1月18日，巴黎和会在凡尔赛宫召开。

金。在财政部筹集的这笔50亿美元的贷款中，有3/5的资金被用于购买相同面值的外国政府债券，这些国家都曾与德国交战。协约国急需这笔信贷资金——战争债由此产生。国会用了不到2周的时间，便通过了该法案。

"自由公债"的准备和销售需要一定的时间，而协约国急需第一笔款项。这样一来，美国财政部为英国提供的第一笔贷款是用自己的票据筹的钱。

这笔贷款对英国意味着什么呢？美国驻英国大使佩奇先生于1917年3月4日在伦敦给威尔逊总统写了一封信。信中，他着重叙述了这笔贷款对英国的重要性："我听了国会两院所有关于同意参战的演说。虽然演说没有华丽的辞藻，但确实讲得很好、讲得很到位。他们（指英国人）知道自己急需我们的帮助，他们确实想要在他们充满善意的岛国所能允许的范围内友好对待我们，他们已经变了。我很难用语言描述战争给他们带来了多么巨大的变化，用不了多久，他们就将变得非常温顺。我们对他们的帮助恰逢其时，这句话一点没错。如果我们不去帮助他们，那么他们的英镑汇率很快就会开始下跌，他们清楚这一点，我永远不会忘记和贝尔福先生以及博纳·劳一起讨论此事的那个下午。"

由于协约国需要贷款，在随后的法案中，国会又投票决定把自由公债筹款中的70多亿美元借给外国政府，外国政府暂时用非担保的期票代替债券作为抵押。后来，这些票据被换成了协约国的债券。那些债券的数量与自由公债大致相当。美国政府就是用自由公债筹的钱。算上之前借出的，国会总共批准了约100亿美元的贷款额，而后来的所有法案都仅仅是为了增加贷款。大家都知道我们会源源不断地提供贷款，于是这种处理方式也就变成约定俗成的了。

从1917年4月到1920年11月，美国财政部把将近110亿美元的贷款借给了外国政府。贷款主要包括以下三部分：

1. 战时贷款；

2. 战后贷款；

3. 战后用于救济、重建、清理废墟，以及让欧洲政府大量购买美国在欧洲的过剩财产而借出的贷款，仅在法国一处，美国就有4亿美元的剩余财产。

美国财政部在战时直接借给协约国政府的现金贷款至少有70亿美元，在战后直接借出的现金贷款至少有23.33亿美元。

所有的这些信贷资金都是美国政府通过自由公债以及财政税收筹得的，然后把这些钱借给外国政府。到目前为止，贷款主要是来自自由公债的筹款，而美国民众仍持有尚未到期的自由公债。国会从未想过用美国税收来偿付这些债券，国会自认为外国政府将会向美国财政部还清它们欠下的这些债务。外国政府还款后，财政部自然就能偿还相应的自由公债了。

偿债基金（sinking fund）并未在意美国由于为外国政府提供贷款而所负担的债务。国会认为我们的债务能用外国政府的还款还清。——摘自1920年美国财政部部长报告，第64页。

---

1 偿债基金又称"减债基金"，是国家或发行公司为偿还未到期公债或公司债而设置的专项基金。——译者注

二

债务人不要为还债而悲伤。

——古谚

欧洲在战争结束后，对美国财政部借给外国政府的这些贷款的性质产生了争议。这个争议从战后一直持续到现在，而且越来越不怀好意、混淆事实，还带有情感上的抱怨。这些贷款从性质上来看算是正式的国与国之间的交易吗？有金融条款来约束它们吗？或者需要为它们支付利息、登记入账、清偿以及令人生厌的还款吗？在无止境的争吵后，如今这些问题的答案都是否定的。但是在刚开始的时候，我们是如何看待这些贷款的呢？

如果确实有答案的话，那么我们肯定能从以下四个方面找到：

1. 在法律中；

2. 在合同中；

3. 在借款人当时的态度中，如果记录过借款人的态度的话；

4. 在借款人对贷款的用途中，也就是说，我们要看借款人是否在使用这些贷款的时候打算还本付息，是否对贷款有着全部的或无限的责任，或是其他一些情况。

法律是有明文规定的。

《自由贷款第一法案》（*First Liberty Loan Act*）第二条规定：

"为了更有效地加强协约国的国家安全和防御，为了能继续作战，美国愿意为外国（协约国）政府提供信贷支持。因此在总统的授权下，财政部部长代表美国以票面价格从外国政府手中购买在此以后发售的债券。这些债券与美国在本法案授权下通过的债券有相同的利率，有相同的条款和条件。"

在向国会提交这份议案时，国会筹款委员会发表了一则经全体委员一致通过的声明：

"本议案批准用（自由）公债的筹款所得购买外国政府的债券，这些债券的利率以及条款和条件都与该法案批准的（自由）公债一致。本议案规定，如果用美国（自由）公债购买的外国债券被转换成利率更高的美国债券，那么美国持有的外国政府债券应该被转换成拥有与上述美国债券同等利率的债券。因此，提议借给外国政府的30亿美元信贷将会得到保障，将来需要'用美国税收来支付'这样的债务负担的情况不会出现。"

在关于这份议案的辩论中出现了一些反对意见。其中一种反对意见是：我们提议以票面价格购买外国政府的债券，然而它们的债券已经以低于票面价格的折扣价在出售了。对于这个问题，筹款委员会主席回答道：

"如果外国政府的债券价格跌至原有价格的80%、75%或者是50%，那么我们更有必要尽自己所能以最低的利率为协约国提供这笔贷款，因为它们正为我们的战事做出贡献。"

还有一种反对意见是：这项法案没有限制借款人如何使用这笔贷款。比如，它没有要求借款人必须在美国使用这些贷款，也没有相关条款防止借款人用从美国财政部借来的钱去偿还其欠华尔街的债务。对于这一点，筹款委员会主席是这么回答的："为何不让它们根据自身的实际情况来选择对战争胜利最有利的方式去使用这笔钱呢？它们需要在美国花掉其中大部分的钱，至于它们是否会拿这笔钱去偿还到期的华尔街债务，我还不太清楚。"为何非得要限制这笔钱的使用方式呢？在辩论中讲出了许多令人感慨的语句，这也是在意料之中的。

那些过于担心贷款安全的人会被其他人指责，指责者认为没必要过多考虑贷款的安全问题。一些人不停地说那些借款人正在"为我们的战争作战"。对此，一位来自宾夕法尼亚州的先生说道："有人说我们用筹得的款项为外国政府提供贷款是因为要支持它们'为我们的战争作战'，我不赞同这一看法。我认为这些外国政府是为它们自己而战，我们只是在帮助它们。我们为这些国家提供贷款，是在援助它们，可它们却没援助我们。"一位来自弗吉尼亚州的先生说他希

满脸灰尘的宾夕法尼亚煤矿童工。他们用锤子"清理"煤，将板岩与开采的煤分离。列维·海因摄于1911年。

望能在法案中加上"宽限并免除所有美国政府购买的法国债券"的条款。这种观点备受人们赞同。参议院的辩论情况也与此相同。

事实上，国会并没有提议要把这笔贷款当作赠礼或补贴，也没有把这笔贷款当作严格意义上的偿本付息的贷款。不过上面引述的这项法案在国会两院全体通过后，随即变成了一项法律。

所有相关合同都是正式的，只不过这些合同似乎偏离了这项法律。法律规定，我们要用与美国政府为筹款而发行的自由公债相同的条款和利率，来购买外国政府的债券。但是由于当时时间紧迫，外国政府来不及发行债券，美国政府便同意接受外国政府用它们的期票代替债券。期票内容如下：

"（国家名称）政府为偿还收到的款项，承诺见票即付（美元数字）给美利坚合众国或其受让人，从本日起，每年支付（数字）%的利息……根据美国国会通过的法令条款，此票据将会由（国家名称）政府以票面价格转化为（国家名称）政府可兑换的黄金债券，利率作相应提高，如果美国财政部部长对此有要求的话。"

（由美方签字）

"给（国家名称）政府"

"××年××月××日"

1920年11月，美国财政部不再直接提供现金贷款，此时它手上持有的此类期票面值将近100亿美元，分别由11个外国政府签署。以下是本金额度：

国家	期票本金额度
英　国	4，277，000，000美元
法　国	2，997，477，000美元
意大利	1，631，338，987美元
比利时	349，214，468美元
俄罗斯	187，729，750美元

　　至于借款人的态度，在战争期间，这些国家从未认为这些条款是苛刻的，或者说这些贷款并不是严格意义上的需要还本付息的贷款。当时法国公开拒绝了特殊待遇的建议，拒绝以赠礼或补贴的形式为它提供贷款。

　　1917年4月11日，《自由贷款第一法案》在国会待审，一位来自弗吉尼亚州的先生希望能在这项法案中加上一些"宽限和免除"法国方面贷款的条款。与此同时，美国驻法国大使在巴黎给美国国务卿发了一封电报，电报的内容如下：

　　"（法国）总理私下向我表达了他的想法，他不希望（美国）国会提出或商讨任何有关美国向法国政府提供无偿贷款的决议，不过法国人民会对美国人民的此番好意表示感激。"

　　此外，还有更多的记录都表达了同样的意思。《巴黎晨报》刊登了法国总理和法国驻美国大使间的电报往来，内容如下。

　　外交部，巴黎

　　我刚刚与美国财政部部长就我方的财政需要进行了商讨。他没有对每月1.33亿美元的援助提出异议。算上我们在美国之外的开支，总共2.18亿美元的数目在他看来太大了，不过我们还是有希望获得这个数目的……

　　至于还款期限，我的提议是15年（假设这是合适的）。麦卡杜

（Mcadoo）先生对此也没有异议。

贾瑟兰德

1917年4月12日

我会尽自己最大的努力去争取25年的还款期限……我曾以为15年的还款期限是可以接受的。

贾瑟兰德

1917年4月17日

法国大使，华盛顿

法国总理坚决要求争取30年的还款期限，他认为在此类贷款中，这是最短的正常还款期。

里博

1917年4月19日

在以上这些颇具争议的条款中，法国确实得到了特殊待遇。它只需偿还战后的贷款就行了，而最后协定的还款期限并不是法国人自己建议的，在这种贷款中应采用最短也要30年的正常还款期限，现在变成了62年。

在美国以协约国身份参战后，英、法两国很快就派代表团来美国商讨合作事宜。英国代表团团长是亚瑟·J. 贝尔福（Arthur J. Balfour），他是英国外交部部长和前首相。他此行的目的是商讨外交事宜。与他一道而来的是英格兰银行行长康立夫（Cunliffe）勋爵，他主要负责商讨财政事宜。法国代表团团长是司法部部长维维安尼（Viviani），跟他一道而来的是他的助手兼财政顾问西蒙（Simon）先生，他是法国检察长。这些代表团首先要商讨的是财政问题。

为了发行自由公债，美国财政部于1917年发表了一则广受欢迎的长篇声明，阐明了我们为什么要把自由公债的筹款所得借给外国政府，以及这些贷款所具有的意义："这笔钱不是要馈赠给我们的盟友协约国。我们是借钱给它们，它们最后会如数偿还这笔贷款。这一点是确定无疑的，协约国的偿付能力也是毋庸置疑的，唯一的问题是协约国急需一笔现款。若是这些贷款能起到促进协约国贸易和商业发展的作用，那将会更好。对我们来说，帮助协约国恢复它们的工业活力和商业繁荣是一个明智的经济政策，这使得它们作为参战国和债务国变得更加强大。"

外国代表团十分认同这些观点和表述，所有人都是如此。这些都被一一记录下来了。

"财政部要求外国（协约国）政府说明贷款的用途，以判定这些用途是否与《自由贷款第一法案》的规定相吻合，是否该提供这笔贷款以及该提供多少。当然，财政部并没有为外国政府的这些支出买单，只是把债券的购买价款借给外国政府，这些贷款的后续开支由外国政府自己负担。"——摘自1920年美国财政部部长报告，第69页。

然而，美国财政部认为，几乎所有能够提振协约国士气和促使其经济繁荣的，哪怕是它们工商业上的繁荣，也会被认定为相关用途。这就会涉及协约国使用这笔钱到底做了什么——并不是协约国打算将来还本付息，就可以拥有完全的自由支配权。

下表出自1920年美国财政部部长报告第340页，表中对贷款使用情况做了概述。

支出项	金额
为本国政府购买军需品	2,493,610,325美元
为他国政府购买军需品	205,495,810美元
汇兑以及购买棉花	2,644,783,870美元
购买谷物	1,422,476,706美元
购买其他食品	1,629,726,803美元
购买烟草制品	145,100,821美元
购置其他物资	613,107,429美元
支付交通费	136,083,775美元
支付船运费	173,397,084美元
还款	1,872,914,604美元
付息	730,504,177美元
债务到期还款	648,246,317美元
支付救济金	538,188,330美元
购买白银	267,943,389美元
为俄罗斯提供粮食	7,029,966美元
从中立国购买物资	18,718,579美元
由于美国在意大利消费而产生的特殊信贷	25,000,000美元
其他	168,530,576美元
总支出	13,740,858,561美元
扣除项	
偿还欠其他政府的信贷	1,872,914,604美元
政府用美元购买的外币	1,490,557,908美元
卢比信贷的收益以及来自印度的黄金	81,352,908美元
总扣除额	3,444,825,420美元
外国政府上报的净支出	10,296,033,141美元

外国政府确实拿美国财政部的钱来偿还欠华尔街的贷款。这些贷款是它们在美国参战前从华尔街私人银行家手中借来的。这就是对上表中"债务到期还款648,246,317美元"这一项的解释。

"付息730,504,177美元"这一项表明外国政府用新期票所得支付美国财政部持有的期票利息。也就是它们支付先前贷款利息的钱是刚借来的，然后继续以这种方式支付利息，只要继续向它们提供贷款。当财政部停止提供贷款时，它们也就不再支付利息了。在某些临时的情况下，用借来的钱支付贷款利息，在金融领域是可以理解的。提及这一点是为了进一步表明借款人当时的态度。从严格意义上讲，这些交易属于金融范畴，大家都是这么认为的。

"还款1,872,914,604美元"这一项表示某一外国政府将从美国财政部得到的贷款用于向另外一个外国政府还贷。白银是提供给印度的，其他一些开支项就不用多解释了，只有其中最大的一项例外，是"汇兑以及购买棉花2,644,783,870美元"。

在解释这一项时，美国财政部部长在其1920年的年度报告第71页中写道："在战争初期，除了军用品和食糖的购买外，英国所有的商品购买均与外汇挂钩。因此，英国开支表中的外汇项反映了由英国政府进行的采购小麦、棉花、皮革、石油的交易，以及英国私人购买者在美国的全部交易。"

任何涉及外汇事项的美国财政部报告或者银行家报告难免会使用术语。这不是因为金融人士喜欢用术语，只是因为他们可以通过术语来加深彼此间的了解。其实这些术语只表示很简单的意思。当贝尔福勋爵对佩奇大使说，当前急需用足够的美国信贷来维持英镑的外汇价格时，他是指维

1915年，美国农民在田纳西州采摘棉花。人们依靠棉花来维持他们的黄金平衡。孟菲斯和约翰·卡尔文·库维特拍摄。

持英镑的购买力。请记住，自开战以来，英国就一直充当着协约国银行家的角色。就这一角色对协约国所发挥的作用来说，英国除了拥有巨大的财力资源外，英镑还是世界上最重要的货币。除此之外，经验十足的英国银行家也是世界上最精通外汇行业的专业人士。

的确，英国银行家们所做的事情，尤其是在美国财政部部长提到的"战争初期阶段"即美国参战初期所做的事情是：用从美国财政部借来的美元贷款在纽约交易市场换购英镑（用银行家的行话说就是英镑汇兑），而没有用这些美元贷款直接从美国购买商品。一方面，他们用这些美元贷款来创造英国信贷；另一方面，他们用这些英镑信贷来购买美国商品。他们为什么要这样做呢？为什么他们要把借来的美元换成英镑，用以此创造出的英国信贷来支付商品价款，而不是直接用美元去购买美国商品呢？答案是，通过这种方式，他们就能继续对英镑外汇市场进行管制，使英镑的外汇价格维持稳定。这种方式有着非常重要的优势。在战争的后期，英镑在美国以及其他国家的兑换价格和购买力至少超过自身实际价值的1/4。有了不限量的美国财政部的美元贷款支持后，他们把英镑与一人为价值"挂钩"，或者说是稳定在这一价值上。如此一来，在世界各地，如果英国人需要用英镑进行支付，那么他们用英镑兑换来的钱会高于英镑本身的价值。当美国政府在伦敦购入英镑来支付它在英国的战争花销时，或者支付英国把美国士兵运送到法国的运输费时，它要支付的费用要大大高出真实费用，而美国自己收回来的钱又大打折扣。最后，通过把这些交易归入汇兑项目，英国人向美国财政部报告时，只需说有这么多的钱被用于"汇兑"就行了，这样，英国人就可以更加自由地使用这些汇兑后的钱了。

"想要完全分析出汇兑的购买总额显然是不可能的。"——摘自1920年财政部部长报告第72页，该页的标题为"外国政府报告的开支"。

正如财政部部长所说的那样，美国财政部所了解的仅仅是"英国开支中的汇兑项，其中包括由英国政府进行的采购小麦、棉花、皮革、石油的交易，以及英国私人购买者所进行的全部交易。"这就意味着利用美国财政部提供的美元贷款在纽约外汇市场创造的英国信贷不仅被用于为英国政府购买美国商品，而且在某种程度上，还被拿来为英国私人购买美国商品。也就是说，后一项是被用于私人账户，而不是公共账户。只有当我们认为在战争时期，所有直接和间接的经济活动都是非常重要的，甚至还包括这些私人贸易时，私人账户和公共账户的差别才会缩小。其实美国财政部在其广受欢迎的阐述我们为什么要把自由公债的筹款所得借给外国政府的声明中所表达的正是这种观点。这种观点认为我们该关注的问题不是外国政府怎样使用贷款，而是我们能提供多少贷款。

"英国在战后借走了数百万美元（'自由贷款'数额），以便重建出口贸易。这是无可争议的事实。同时（美国）还为新建立的国家提供大量贷款，以帮助它们拥有独立自主的能力，这也是一个不争的事实。"——摘自哈维·E. 费斯克（Harvey E. Fisk）的《盟国间的债务》一书，该书由纽约银行家信托公司于1924年出版。

不论借款的外国政府对美国财政部提供的美元如何处理，从来没有人对此有过异议，只要它们继续用先前大家所理解的观点来看待这些贷款，即这些贷款是需要偿还的。但是它们在战后便开始宣称这些贷款与金融交易仅在法律形式上具有相似之处，它们在英国的带领下发起了有组织的政治宣传，要求全面取消战争债。此后，只要有人说英国人把美国财政部提供的贷款用于战争以外的用途时，英国人就会感到极度愤怒。

1909年，刘易斯·海因拍摄的童工工作的场景。赤脚男孩不得不爬上纺织机，以修复断掉的纺线，并放回空的线圈。

　　1926年7月14日，时任美国财政部部长的梅隆先生给一位呼吁美国应该取消债务的人士写了一封公开信。他在信中解释了在偿还条款中为何英国没有得到像法国那样的优厚待遇。信中说："请记住，英国将美国贷款的很大一部分用于纯粹商业目的——包括偿还在美国已到期的商业债务，为印度提供白银，将购买的食品转售给英国民众，以及维持英镑汇率——而不是战争目的。"

　　对此，英国财政大臣于1926年7月19日在议会中说道：

　　"在美国参战期间，我们在美国的开支至少有70亿美元。在这70亿美元中，有40亿美元是我们借来的，而另外的30亿美元来自我们内部的资源。关于到期的商业债务，美国财政部部长梅隆先生被外界误导了，要么是外界被他误导了……人们对这些贷款感到愤恨和不满，其中很重要的原因是，对事实的误解会增加这种愤恨情绪，这完全是不应该的。"

　　作为回应，次日，也就是1926年7月20日，美国财政部发表了如下声明。

　　"从英国报告的1917年4月6日至1920年11月1日在美国的开支总额中，应该扣除1,853,000,000美元。英国仅仅是作为其他盟国的采购代理人使用了这笔开支，其他盟国支付这项开支的钱来自美国的贷款。这笔钱并非来自英国的'内部资源'，扣除后还剩5,366,000,000美元。在这笔开支中，有1,682,000,000美元被用于'汇兑以及购买棉花'。这笔开支剩余部分中的大部分被用于维持英镑汇率；不是用在美国，而是让英国能在其他国家用估值过高的英镑进行购买。接着，2,643,000,000美元被用来购买食品和烟草制品。其中一部分食品和烟草制品很可能包含在盟国支付给英国的开支费用中，一部分被英国转售给英国民众。由于转售数量巨大，英国不需要在本国发行公债。再接着，有507,877,000美元被用于偿还英国在美国的到期商业债务本息，购买白银花费了261,000,000美元。美国在战后借给英国的贷款额是581,000,000美元。"

于是，英国财政大臣安静了下来。随后，英国财政部又开始接着批驳，它并不是以事实为依据，而是基于对事件的解读去批驳。它说道：

"在战时，英国除了提供英镑和'中性货币'（neutral currency）来满足自身需求外，还要背负其欧洲大陆盟国对英镑的需求。如果美国早些时间参战以使英国的这些额外负担得到缓解，那么英国就能用支撑盟国的那些资金来支付自己在美国的开支，这样一来，英国根本无需向美国举债。"

英国财政部这番话的意思是，如果美国财政部能先为法国、意大利、比利时以及其他国家提供贷款，使这些国家能够在英国开销，那么它们就不必在美国参战后再向英国借取任何东西了。它们原本可以用从美国借来的美元贷款在英国开销，这样无疑会大大缓解英国的压力。

三

要求免除债务是一种诉求，因为在现代民主制度下，政府需要依靠人民，也必须依靠人民在政府换届选举中继续投它的票才能连任。任何一个国家的政府都不能同意把偿还战争债的负担压在它的人民身上。对此，我

1　中性货币是指货币数量使货币利率等于自然利率，投资等于储蓄，货币的币值（即一般物价水平）保持稳定，从而货币对实际经济过程保持一种中立状态，不是一种影响实际经济过程的因素。——译者注

想说的是，如果政府的真诚换来的是人民的背信弃义，那么人们的幻想即将破灭。

——班布里奇·科尔比（Bainbridge Colby），曾
任威尔逊内阁国务卿，这是他在1932年4月3日
反对取消债务的演说中的讲话

"在停战前，并没有出现各国全面调整所有战争债的问题。起初，是由英国财政大臣向美国助理财政部部长克罗斯比（Crosby）提出过这个问题。当时在欧洲的克罗斯比没有接受这一建议，这一建议显然被暂时搁置了。"——摘自1920年美国财政部部长报告，第63页。

这句"显然被暂时搁置了"很好地证明了财政部在数学领域之外的准确措词。对债务国政府来说，当时的情况是极其微妙的。它们在政治上联合对抗美国这一共同的债权国，想让美国同意债务国按照它们自己的能力来支付债款的最佳方式，是立刻加入一个全面的战争债取消计划。在这个计划中，由于美国是最终的债权国，因此它将会是最终的输家。它们要趁美国人还非常慷慨大方的时候，赶快提出这一计划。如果可以的话，最好把这项计划纳入和平条约当中。不过在战后，它们依然向美国财政部借美元贷款，如果它们把美国财政部逼急了的话，美国财政部很可能会突然向现实妥协，关闭贷款的大门。

法国驻美国高级专员在1919年1月15日给美国财政部部长写了一封信，信上的内容如下：

1　班布里奇·科尔比（1869—1950），美国律师、政治家，美国进步党创始人之一，曾在1920—1921年期间任美国国务卿。——译者注

"盟国间的财政因为战争变得紧密相连，英、法两国政府都向美国借贷过，但英国同时还是法国的债主。法国和意大利政府也同样向美国借过钱，但法国同时也是意大利的债主。法国虽然是英国和美国的共同债务国，但法国还为盟国提供了约100亿法郎的贷款。法国政府认为，以后要是制订不同的协议来调整这些账户的话，一些国家就可能会从中得到优待，这可能会损害另一些国家的利益……换句话说，法国政府认为这是关系到所有盟国的问题，因此要求债务偿还要全面，并且要同时进行。"

美国财政部部长对此回答道："我原则上同意，如果有两个或两个以上的盟国政府提供贷款给同一个外国政府的情况，哪个政府在还款上都不应该试图寻求不公正的优待权或者试图得到优先于其他政府的待遇……除美国之外，为法国提供贷款的只有英国，因此在达成公平无歧视的还款协议上，我不认为两国财政部之间会存在什么分歧。"

在金融起草委员会（Financial Drafting Committee）几天后举行的一次会议上——该委员会由巴黎和会的十人委员会（Council of Ten）任命成立——美国财政部收到了一项由法国的委员会成员克洛茨（Clootz）先生发起的提议，那就是在和平谈判桌上重启合并且重新分配战争债。1919年3月8日，美国助理财政部部长在一封信中向身在华盛顿的法国助理高级专员询问此事是否属实，信中说："你要明白，协约国政府如果为了支持任何计划而让美国财政部的到期还款出现不稳定波动的话，财政部将拒绝向任何协约国继续提供贷款。"

法国助理高级专员对此回应说："这是意大利人在巴黎提出的建议，金融委员会中的法国成员出于礼貌才没有将这项提议扫地出门。"而且，他还说道："关于这个问题所涉及的法国政府官员的原则态度，法国政府从未宣称要支持意大利的这项建议或者与其相似的任何建议。"

在1926年的年度报告第66页中，财政部部长重印了在1919年时美国财政部与法国助理高级专员之间的信件往来内容，而且附上了一段火药味很浓的评论。

"需要注意的是，助理财政部部长拉斯伯恩（Rathbone）在1919年3月8日写给法国助理高级专员德毕雷（de Billy）的信中表示，如果协约国政府为了支持任何计划而让美国财政部的到期还款出现不稳定波动的话，美国财政部将拒绝向任何协约国继续提供贷款。德毕雷先生在他1919年3月8日的回复中删掉了有关还款不确定性的说法。1919年3月18日后，美国提供给法国的现金贷款总计690,000,000美元。除此之外，法国为了购买战争债券还欠下美国407,000,000美元的额外债务，这两项加起来总共约1,100,000,000美元。"

在之后很长的一段时间里，法国人没有再发表任何意见，反而是英国人开始发表意见了。

在美国人看来，有两封值得关注的信件来得有点不合时机，但十分引人深思。其中一封是助理财政部部长诺曼·H. 戴维斯（Norman H. Davis）在1920年2月23日写给威尔逊总统的信函（此信于1921年12月6日被印在参议院86号文件中），信函内容如下。

"这段时间以来，我总觉得英国借给法国和意大利的贷款与我们借给协约国的贷款不是同一类别的。我记得劳合·乔治先生曾说过，英国不会强迫这些国家归还债务。《伦敦条约》（Pact of London）第十一条规定：'根据意大利的国家实力和战争牺牲的程度，它应当享有一笔相应的战争补偿金。'我不太清楚这句话是什么意思。这可能与英国政府持有的意大利政府债务有直接的联系，英国政府很可能想要各国全面取消政府间的债务，以此来撤销秘密的条约协定。如果真是如此，那么英国可能会为了免除它们在条约上的债务，不惜以牺牲我们的利益为代价。"

另一封信来自令人尊敬的奥斯卡·P. 克罗斯比（Oscar P. Crosby）先生。他在担任助理财政部部长期间在美国和欧洲经常接触到这些事务。英国财政大臣正是首次向他提出的合并战争债建议。基于他在欧洲的丰富履历，克罗斯比先生在信中写道：

"……欧洲各国间有着非常复杂的关系，一点都不简单——金钱的考虑、领土割让、商业特许权，所有的这些都在不断变化。在盟国间，贸易问题是当务之急。贸易问题在战争爆发之前就已经长期存在了，在战争中也没有消失，最突出的是在和平谈判上，可能这个问题会继续存在于战后多年的调整期……英法两国间的金钱问题仅仅是它们之间许多问题中的一个。法国肯定会用上它所拥有的各种资产，无论是政治上的还是物质上的，法国可以在完全合法的贸易过程中获得这些……虽然英法两国还在这些事务上争吵着，但是英国很有可能还没等到冗长的结果出现，就决定做出慷慨之举，即提议免除法国的债务，只要美国也同时取消它的债务……如果我们拒绝这种提议，那么对英法两国的民众来说，我们扮演的无疑是铁石心肠的角色……"

这番陈述准确地预测了著名的贝尔福备忘录的内容。英国的债务政策的基础就是贝尔福备忘录。

取消战争债成了和平会议上一个被禁止讨论的话题。尽管如此，英国财政部的代表们还是通过旁敲侧击的方式提及了这个话题。在和平会议过后，作为和平会议代表的布莱克特（Blackett）先生于1920年2月4日在写给美国助理财政部部长的信件中说道："正如你所知的那样，（英国）财政大臣表示愿意随时采取必要措施以缓解欠英国政府债务的外国政府的负担。美国也可以就外国政府欠它的债务提出类似建议。"

随后，英国驻美国大使馆于1920年2月9日向美国财政部传达了一则来自英国财政大臣的消息。财政大臣在消息中坦言："我们非常欢迎取消政府间的全部战争债务。"

对此，在1920年3月1日的回复中美国财政部部长说了以下这段话：

"我当然知道全面取消此类债务对英国有利，而且英国很可能不会有任何损失。在这种计划下，美国政府本身就没有可以被取消的债务，最终导致的结果是，鉴于美国政府取消英国政府和其他盟国政府所欠债务，英国政府也将免除法国、意大利、俄国以及其他盟国的债务。然而这种提议并没有让相关国家都做出牺牲，做出牺牲最多的是美国……这个全面取消债务的提议将把债务利息全都压在美国人民的肩上，而且我们也无法收回借给盟国政府的贷款本金。我们从来没有在这场战争中寻求或获得什么好处，恰恰相反，协约国虽然损失了大量的人口及财产，却通过和平条约及其他方式获得了大量的领土、人口、经济利益以及其他利益。因此，如果把所有的这些情况都考虑进来，协约国不应该也没有理由继续让美国政府做出牺牲。"

于是，英美两国的财政部陷入了僵局，进一步的交流也徒劳无功。下一个阶段的对话则是在高层领导人间进行。1920年8月5日，英国首相劳合·乔治先生就债务问题给威尔逊总统写了一封信，他在信中写道：

"我打算在信中跟您谈谈另一个棘手的问题，即盟国间债务……在过去的4个月中，英法两国政府一直在讨论德国的赔款是否应该被设定成一个具体的数目。英国政府认为，将德国的赔款设定在德国的合理偿还能力之内是极有必要的……在艰难地说服其国民后，米勒兰（Millerand）[1]先生觉得自己能够接受这个观点，不过他指出如果法国欠盟国的战争债没有得到相同待遇的话，那么法国是不会免除其他国家欠自己的那些债务的。在英国政府看来，他的这个声明是不失公平的。但是在仔细斟酌一番后，英国政府最终认为，英国难以免除法国所欠的债务，除非免除这些债务作为盟国间债务全面清偿的一部分……于是，英国政府告知法国政府，它将同意任何有关削减或免除盟国间债务的公平协议，但这类协议必须得到全面实施……我非常欢迎您在力所能及的范围内提出的任何能让美国政府与盟国携手一道考虑并解决整个问题的建议。"

这也许是所有资料中最为重要的一个文件了。英国首相表示，只要法国的债主们同意免除法国的债务，法国将同意德国在其合理的能力范围内向它支付赔款。而英国政府认为这是非常公平的，只要美国政府免除英国欠美国财政部的那些债务。

威尔逊总统于1920年11月3日回复了英国首相，具体内容如下：

"为了使英国政府部分或全部免除法国或其他盟国欠它的债务，需要美国同意免除英国的所有债务，但是美国国会和美国民众几乎不大可能同意这一提议，也不大可能会同意削减或免除任何盟国政府欠美国的债务，以此来让各国就赔款问题制订一个实际的解决方案……美国政府看不出这一建议有什么逻辑性可言。在这个建议中，要么是美国为德国的还款部分买单，要么是让美国给予盟国一些优待，以便让它们设定德国根据其自身

1　亚历山大·米勒兰（1859—1943），法国政治家，1920年当选法国总理，后又于1920—1924年间任法国总统，后迫于左翼联盟的压力而辞职。——译者注

能力所能支付的赔款额度。"

威尔逊总统寄出这封信后，在将近两年的时间里，美英双方再也没有谈及这一提议。但是在所有这些政治和经济论证未能奏效后，取而代之的是一种情感上的宣传，其力度和造成的影响都是空前绝后的。在欧洲和美国的媒体中、在收到的政府补贴单中、在公开演说和议会演讲中都涉及这类宣传，而且都达到了同样的效果——如果说这并非出于有组织、有目的的预谋的话。这些宣传起到的效果是掀起了一股针对美国的受伤情感浪潮——美国是一个"夏洛克"国家，它不顾那些为了共同的事业而做出牺牲的欧洲人民，坚持要求收回借出的美元信贷。而在他们进行宣传的同时，美国财政部手上的那些欧洲期票也逐渐失去了价值。债务国政府不但无视这些期票，没有为它们支付一分利息，这些期票也没按照合同被转成长期债券。

1922年7月，所有在欧洲酝酿已久的反美情绪聚集在著名的贝尔福备忘录中。备忘录中的文体风格以及对方言的巧妙使用足以使其成为英文政治报纸中典型的蛊惑人心的政治手段。

当时，贝尔福勋爵是英国负责外交事务的代理外交大臣。他把备忘录递交给法国，然后又分别递交给每一个英国的债务国。他告诉这些国家，英国政府所支持的政策是"放弃那笔德国赔款，所有盟国间的债务一笔勾销"。如今，英国被迫采取另一个政策，它对此表现得"很不情愿"和"极为反感"。之所以会出现这种情况，是因为美国政府坚持要求英国偿还欠美国财政部的债务。如此一来，英国"很遗憾地被迫"要求它的债务国偿还债务，但是它只要求债务国还款的数额够支付美国的债务就行了。

贝尔福勋爵说道："在任何情况下，我们都不会提议让我们的债务国支付给我们的数额超过我们支付给债权国的数额。虽然我们没有要求多付，但是每个人也都明白我们不愿意看到拖欠，因为我们不该忘记（虽然有时候忘了）我们的债务是为其他国家借的，而不是为我们自己借的。"

接着他解释了英国为他国而不是自己负债于美国财政部的原因，原因就是"美国坚称（如果形式上没这样，起码本质上如此），即使我们的盟国需要贷款开支，也只有在我们提供担保的前提下，美国才会给予贷款支持"。

如此一来，这种思想被深深印在了欧洲人的脑海中：要不是因为美国政府要求归还美元贷款，德国的赔款就不用支付了，盟国间也就不用支付战争债了。与此同时，这种思想也被灌输进所有英国人的脑子中：英国之所以欠下美国政府这么多债务，是因为美国政府在战时向盟国提供贷款的前提是必须要由英国出面作担保。

美国在看到贝尔福备忘录后感到很震惊。美国驻英国大使在"朝圣者宴会"（Pilgrim's Dinner）上的一次讲话中表示，他相信英国政府会消除贝尔福勋爵所引起的误会。对此，英国政府没有回应。但是贝尔福勋爵在一次公开演讲中回应了这位美国大使，他说道："据我所知，美国大使把这次大战中盟友间的财政安排当成许多个可单独对待的独立项目……我并不想从商业化的角度来看待这件事……我无意批评那些与我持不同观点的人，关于这个问题，我想提的意见是，如果真的如我所设想的那样，那种观点（指美国大使的观点）在所有与我有分歧的观点中是第一个代表美国民意的，那么美国在行使其理所应当的合法权益时可能更会伤及我所乐见的两国人民间的友好关系。"

至于贝尔福勋爵声称的英国是为其他国家而不是自己才会负债于美国

的这种说法，仅仅是英国财政部原先观点的一种变体，即如果美国财政部先提供足够的美元贷款给法国、意大利、比利时以及其他盟国，使它们能在英国开支，那么它们就不再需要向英国借入更多的贷款了。相反，它们就能用美国贷款购买英国的商品，如此一来，英国就可以有更多的美元去美国购买商品。

1923年3月9日，在一份致美联社的声明中，作为战争时期的财政部部长，奥斯卡·F. 克罗斯比先生说道："贝尔福勋爵说：'我们曾向美方解释过，我们有办法筹到用于购买战争物资的所有美元资金，而无需向美国或任何国家借款。'我敢肯定自己当时没有听到过此类声明。"

至于贝尔福勋爵声明中所说的"美国坚称（如果形式上没这样，起码本质上如此），即使我们的盟国需要贷款开支，也只有在我们提供担保的前提下，美国才会给予贷款支持"，事情绝非这么简单，也绝非如此。美国财政部的政策是要向各个外国政府单独提供贷款，让它们用于自我防御，这一点是非常明确的。贝尔福自己都忘了，在他把这些误解写进备忘录的18个月前，英国财政大臣在接受下议院的质询（1921年2月22日）时曾这么说道："我们不曾为任何外国政府向美国借的贷款做过担保。"

唯有在英国（或许世界）经济类期刊中位列第一的伦敦《经济学人》杂志如实地（于1925年2月14日）说道："贝尔福备忘录试图让人们误以为我们欠美国的债务根本不属于战争开支中应偿还的部分，当中还用了两个错误的事实来支持这一说法。第一个是我们所借的美国贷款不是为己所用，事实上我们把这些贷款主要用于为人民购买食物；第二个是美国不愿意直接把钱借给盟国，而是先把钱借给我们，然后转借给它们，因此美国事实上借给欧洲盟国的贷款是13.15亿英镑，而借给英国的贷款是9.4亿英镑……所以说，我们欠美国的债务与其他战争开支并没什么两样。"

但是贝尔福备忘录有着强大的感染力。如果说贝尔福蔑视美国所做的这些贡献的话，那么他更蔑视金钱、外汇以及坚定不移的品性，因为正是亚瑟·詹姆斯·贝尔福在1917年对佩奇大使说，他们最重要的任务是用足够多的美国信贷来维持英镑的汇率。如今，这些都已成为过去，现在身为代理外交大臣的贝尔福勋爵说道："无可否认，许多盟国彼此间要么是对方的债主，要么是对方的债务人，要么互相欠债，但是其间涉及的远不止这些。它们在世界上规模最大的一次争取自由事业的事件[1]中是盟友，而且在处理善后事务时也同样是盟友。它们借来贷款，又借出贷款，这些都不是为了个别国家的利益，而是为了它们所共同肩负的事业，而这项事业如今基本上已经完成了。"

"单独看待这项伟大事业中的金钱部分，把它从历史背景中剥离出来，仅仅把它看成借方是贸易商、贷方是资本家的商业交易，那些慷慨无私的人对此无疑是难以接受的，但是出于国家的某些原因，这或许是有必要的。"

这段话在美国引起了极大的反响。随后，英国的评论家们也开始用各种方式来表达与贝尔福相同的主题，例如杰出的J. M. 凯恩斯（J. M. Keynes）的如下表述："只要美国把军用物资运送给盟军士兵使用，它就会向我们收取费用，而这些费用就是最初我们欠它的那些债务。但是当后来美国自己派出了军队时，也使用了这些物资，它就没再让我们付费了。很明显，美国让我们欠的这笔债务在逻辑上是讲不通的，这不是因为它能给

1　这里指第一次世界大战。——译者注

我们提供大量援助，而是因为它最初是有能力援助我们的。就战斗人员方面而言，它最初给予的支援太少了。"这席话在许多美国人身上达到了预期的效果，包括一些对事实真相不了解的美国人。

事实上，若真的要说全面取消战争债有什么合理依据的话，也许只有一个，那就是贝尔福勋爵在其"高尚的"演讲中所说的，即这在原则上是一项共同的事

1910年，在纽约市街头接受路人施舍的毁容乞丐。

业，一项在当时和将来超越金钱、超越战利品、超越利益的事业，除了美国外，所有相关国家均是如此看待这项事业的。如果真是如此的话，那么我们确实应该感到羞愧。可事实果真如此吗？

"在停战前，没人暗示说这些贷款会被视作补助金，或变成对一项共同事业做的贡献，抑或是会在战后成为全面取消的对象。"——摘自1926年美国财政部部长年度报告，第60页，标题为《外国政府的债务》。

在战争期间，由于一些很明显的原因，协约国发现有必要在彼此之间进行大量开支。在我们参战前，它们之间的原则是，在力所能及的范围内相互提供贷款，然后各个国家用这些贷款在各自的债权国内开支。

　　英国就是以这样的方式向其盟国提供英镑贷款，以满足它们在英国的开销的；法国提供法郎贷款给其盟国，以满足它们在法国的开销，等等。如此一来，在战争结束后，所有的国家都互相负债，而后债务和债务将相互抵消，只对账簿中的贷方和借方进行简单清算即可，最后再考虑净余额。

　　当美国参战后，美国财政部也遵循了这一原则。它开始向盟国提供它们在食品、军火等物资以及服务方面所需的一切经费。然而，在另一方面，盟国却没有对我们实施这一原则。为了支付美国在英国的战争开支，美国财政部被迫用美元购入英镑。为了支付美国在法国的巨额战争开支，美国财政部又被迫用美元购入法郎。在意大利也是这种情况，在任何国家都是如此。美国那时向英国、法国、意大利以及其他国家提供贷款，以便它们能支付在美国的开支。同时为了支付在相应国家的开支，美国还用美

　　1912年，在纽约下东区阿道夫·曼德尔银行的一次挤兑潮中，警察在维持秩序。

元现金购入英镑、法郎、里拉等。除此之外，美国还以更高的成本购入英镑和法郎等货币，因为在纽约交易市场上，英国人用从美国财政部借来的贷款把英镑维持在一个"人为价值"（artificial value）上，法国也用法郎做着同样的事情，尽管规模不大。

"美国并没有借入英镑、法郎或者里拉，去支付在英国、法国以及意大利的开销。美国财政部被迫购入这些货币，以供驻外美军使用。我们从英国、法国以及意大利政府手中用美元购入了英镑、法郎和里拉。"——摘自1926年美国财政部助理部长拉思伯恩的年度报告，第61页。

"美国动用数亿美元在法国和英国购买物资和服务，但是我们必须要用法郎和英镑进行支付。我们获得这些法郎和英镑的方式不是通过信贷，而是用美元现金购买……也就是说，美国用现金支付这些物资和服务，以使我们能够为共同的事业做出自己的贡献。我们的盟国却用信贷的方式在美国购买物资和服务，以使它们能够为战争做出它们的贡献。这就是为什么我们在战争结束时会成为这些国家的债主，而没有负债于任何国家的原因。现在，它们敦促我们取消这些债务，因为它们认为这些债务是为我们的共同事业欠下的。没人认为如果这么做了，美国能够要回在法国和英国支出的美元，以便让我们使用的这些物资和服务也成为对共同事业的贡献……当时我们提供美元贷款的主要目的是把法郎和英镑维持在它们各自的正常价值上。也就是说，我们向盟国提供美元贷款，让它们用这些钱在伦敦和巴黎市场购买英镑和法郎纸币，以此来让它们的货币汇率保持稳定。当美国不得已而购买法郎和英镑来满足我们在巴黎和伦敦市场上的开支时，我们是以'人为价格'（artificial price）购买这些货币的，而人为价格却是用我们借出的美元贷款来维持的。"——摘自美国财政部部长梅隆先生在1927年3月15日写给普林斯顿大学某教授的信。

还需要说到的是，盟国用借来的美元在美国以"官定价格"（controlled price）购买物资和服务。它们支付这些物资和服务的价格和美国政府支付的价格是相同的。然而美国政府用现金在盟国是以"非官定价格"或者说是"民用价格"（civilian price）购买物资和服务的。

当有人说我们向盟国提供军用物资时收取费用，而当美国派去的军队在使用自己的军用物资时，美国分文不收，以至于现在美国在谈论索要欠我们的军用物资债务时，好像太看重物资方面的投入，而忽视了在作战人员方面的投入。这么说似乎有些道理，但实际上是非常不合情理的。

当美国开始派兵进驻盟国时，并未向它们收取出兵费。恰恰相反，美国还要向它们支付费用。

美国向英国支付了漂洋过海运送美国士兵的运输费；美国用美元购入了英镑，用现金支付了英国的服务费用。美国向法国支付了那些载有我们军用物资的船只的入港费，以便能停泊在法国港口；美国用美元购入了法郎，用现金向法国支付了入境费。美国在法国境内运送士兵要付费，美国的军用物资通过法国铁路运输到作战前线也要付费。美国用美元购入法郎，用现金支付了把我们的作战部队和武器装备运送到战场的费用。盟国在美国购买的所有东西都是赊账的，而美国在盟国购买的所有东西都是用现金支付的。在所有关于战争债的争论中，盟国政府从未向我们详细地提及这些事实，也从未向它们的人民提及过。

贝尔福勋爵所说的那超越金钱或利益的共同事业在哪？能在盟国身上找到吗？在巴黎和会上，各国利益之争异常激烈，英国认为法国在和会上得利了。

当然，各个盟国在关于分配各自利益的问题上受着传统信念的影响。它们通过内部交易和物物交换，分割了德国在亚洲和非洲超过100万平方千米的殖民地以及德国政府及其国民在世界各地的所有财产，另外还包括太平洋上具有战略意义的那些岛屿。这些岛屿原本属于美国的海洋前线，而这些美国碰都没碰过。但是当美国拒绝签订《凡尔赛和约》，要与德国单独签订和约，然后向外界宣布要让德国赔偿我们某些特定的人员和财产损失，比如路西塔尼亚事件所遭受的人员和财产损失时，盟国坚决不同意我们从德国获取任何赔偿，因为它们对德国的赔付要求已经超过了德国的偿付能力，而它们有优先于我们的索偿权。

四

说到还款事宜，美国游客每年在欧洲花费的美元就足以让欧洲偿还每年欠美国财政部的债务。

——美国商务部

1920年，在停战两年后，美国财政部停止了为外国政府提供贷款，最后一笔贷款是提供给法国的1000万美元贷款，然而外国借贷并没有停止。外国政府将目光转向了华尔街，开始从美国的私人放贷者那里借贷。外国政府在华尔街的借贷非常自由，它们通过发行债券的方式在华尔街借钱，然后把钱用于任何一种能够想到的用途——公共工程、重建项目、减轻税负、推迟平衡预算以及支撑它们那通胀了的货币。

此时，那残存的一点理性也就此消失了。与此同时，那些因为我们要求它们偿还欠美国财政部的债务而指责美国的国家，却在华尔街借入更多的美国资本。这就是后来欧洲欠下的巨额私人债务的开始。在短短几年时间内，这些债务越滚越大，以至于欧洲现在说："我们已无力同时支付欠美国财政部的债务和欠美国投资者的私人债务，你们希望我们先还哪个？"

在美国停止为外国政府提供贷款前，美国财政部部长在1920年3月8日致英国财政大臣的一封信中写道："自停战以来，美国政府向外国政府提供了高达约40亿美元的财政援助。本届政府已经倾其所有为债务国政府提供直接的信贷援助，而现在它们需要的是私人信贷。盟国间相互欠下的以及它们欠美国的债务尚未给债务国政府带来负担，因为它们现在无须支付债务利息。据我了解，这非但构不成负担，它们还在财政预算中计入本金或利息的偿还。"

当美国财政部最终停止向这些政府提供贷款时，美国宣布对它们的债务给予3年宽限期，并提醒它们要在财政部部长的要求下，按照美国政府发售的用于筹款的自由公债的同等条件，把仓促开出的期票转换成长期债券。而这一提醒所得到的唯一回应便是这些债务国开始鼓吹取消债务。贝尔福备忘录便是这一鼓吹最直接的产物。

贝尔福备忘录发表后的1年中没发生什么新动静，除了英国前财政大臣雷金纳德·麦肯纳（Reginald McKenna）赴纽约出席"美国银行家会议"外。在这次会议中，他提出了一个出人意料的观点：除了英国，战争债务超出了其他所有债务国的偿付能力。英国有能力偿付，在外国的长期投资积累中，它拥有足够的资金来偿付欠美国财政部的债务，然而这并不是问题的关键所在。即使所有债务国都像英国一样有偿付能力，美国照样无法

位于内华达州及亚利桑那州交界处的胡佛水坝，1931年4月开始动工兴建，1936年3月建成，1936年10月第一台机组正式发电。胡佛水坝孕育了新兴城市拉斯维加斯。

获得还款，因为债务国是以商品形式来偿付这些贷款的。巨额的债务还款转化为外国商品后大量涌入美国，会摧毁美国的工业。

就像欧洲的其他想法一样，这种想法得到了人们的大力支持。尽管支持面不是很广，但这种想法在人们的强力支持下，产生了深远的影响。自此次事件以后，我们时常听到这种奇怪的谬论：像美国这样的债权国是收回不了贷款的。这种观点还越发荒诞无稽——这些巨额债务的本金不能用黄金偿还，要不然用全世界的黄金都不够支付，而且这也并不是黄金的职能所在。因此，债务国只能用它们的商品来还债。但是由于我们也从事商品生产，对外国产品设置了贸易壁垒，那么我们怎样才能让债务国用它们的商品来还债呢？如果取消关税壁垒，它们倒是能用商品来偿付我们，但是这会使问题本末倒置，因为接受这些商品会给我们自己的工业带来严重

劳工和商业使用"关税改革"这个攻城锤攻打关税壁垒。1902年7月9日，乌多·凯普勒绘。

危害。

没有比这个更荒诞的论点了：如果我们不取消关税壁垒，那么我们的债务国就无法向我们还债。这涉及自由贸易，但是如果我们取消关税，让它们用商品还债，将毁掉我们未受保护的工业。这又涉及贸易保护。假设这个提议在经济学上是合理的，那么理论上讲所有的国际债务都可以这样偿还，而不仅仅限于战争债。如果这在理论上行得通的话，那么这样的国际债务无疑说明出借人在逻辑上存在严重问题。为了趋于理性，我们有必要在"商品"一词前面加个限定词。

或许像美国或英国这样的国家真的无法接受作为还款替代品的竞争性商品。一个很明显的事实是，国际贸易中只有40%左右的商品属于竞争性商品范畴，另外的60%属于非竞争性商品范畴。在后者中，双方可能会为了共同的利益而增加非竞争性商品的流通。英国是一个大债权国。它在海外投资比我们要早得多，投资规模也比我们大得多。然而它从未在收回债务人的还款的问题上存在过任何逻辑上的麻烦。长久以来，英国一直是一个自由贸易国。它对外国商品没有设置关税壁垒，因为一直以来，它的工业在世界上都未曾受到过有力的挑战。它的债务人不会用与它在谢菲尔德（Sheffield）生产的一样的刀具来偿付债务；不会用与它在曼彻斯特（Manchester）生产的一样的纺织品来偿付债务；不会用煤炭来偿付债务，因为英国自身的煤炭需求已经过剩。但是英国很乐意它的债务人用铁矿石、原棉、原毛、兽皮以及小麦来偿还债务。不过这种情况现在已经发生了变化。如今英国工业要求对有竞争性的外国商品设置关税壁垒，于是自由贸易理论被抛弃了。同美国的关税一样，英国的关税也开始上调，可你没有听到过英国银行家说英国的债务国由于这个原因将无法还款，或者英国收回不了债款。

如果说美国不能接受英国用汽车来还款，这也许是明智之举，因为倘若英国的汽车比美国国内的便宜，那么英国用汽车还款便会损及我们的汽车行业。但是我们非常愿意接受英国的锡、橡胶、黄麻等商品，因为美国缺少这些资源。此外，对外贸易中存在着大量的三角贸易（triangle trade），比如英国出售汽车给巴西，而巴西向美国出售咖啡。巴西可以用纽约的咖啡货款来向英国支付汽车款；英国如果愿意的话，可以用这笔咖啡货款支付欠美国财政部的债务。麦肯纳先生对美国银行家说的那番话唯一有道理的地方是：如果债务国用债权国不需要的商品支付债款，那么这

1　三角贸易是由双边贸易扩大到第三国（地区），三方之间的进出口贸易用协定的方式加以规定，以保持进出口收支平衡的贸易。在双边贸易谈判中，由于双方在商品的品种、规格等方面不能互相满足对方的需要，致使进出口不能平衡，双方便把贸易谈判扩大到第三国（地区），在三国（地区）之间进行商品搭配，从而达成协议，签订三方贸易协定，开展三角贸易。——译者注

由通用汽车公司和重建金融公司认购的资本组成的底特律银行在底特律开业。

对债权国是无益的。事实上,这并不是一个令人吃惊的说法,然而这个说法未能改变欧洲取消债务的事宜。

于是,英国在1923年派出了一个代表团访问华盛顿,商讨如何解决英国的债务问题,最终英国以80美分支付原先1美元的方式来偿还债务。这是主要还款协议中的第一笔钱,也是数目最大的一笔。

这个还款协议是英国代表团与世界大战外债委员会达成的。该委员会是国会与债务国根据其偿付能力而不是根据合同所达成的还款协议成立的机构。1926年1月4日,兼任外债委员会主席的美国财政部部长就整个债务清偿以及英美间债务协议的问题,向国会筹款委员会做出以下陈述。

"由于清偿外国债务的方式让人不好理解,我打算提一些基本的事实。财政部持有的债务（即原先由外国政府开具的期票）原本是一经要求就须偿还的，而如今债务国无力还款。我们必须制订一些切实可行的还款条件。假设我们现在持有的债务是62美元，而且今天就能得到偿付，那么我们就能全额收回贷款；假如我们以每年1美元的速度分62年期无息收回贷款，会亏损一些本金。到底损失多少则要根据相应的贴现率而定。如果我们把贴现率设定为4.25%，那么每年1美元的现值总额只比21美元稍多一点；如果我们把贴现率设定为3%，那么现值总额是28美元。然而，如果我们在62年里每年收回1美元和相应的利息，那么我们就可以全额收回贷款，因为我们可以在今天借入62美元，然后用每年收回的本金和利息来冲抵我们所借贷款的本金和利息。因此，站在美国的立场上看，某个偿债协议能否算是债务的减免主要取决于整个还款期内我们所收的利息是否小于这笔贷款在同期内对我们造成的年平均资本成本。所以说，债务清偿的灵活性体现在对贷款所收取的利率上……"

"英国是最先认识到需要对内部进行调整的国家，它欠我们约46亿美元，并且随时要求偿还的债务本息。美国外债委员会提议的债务清偿方案是：62年内付清本息，前10年的年利率为3.5%，此后每年的利率为2%。国会批准了这个清偿协议。鉴于协议签订时的现行利率水平，英国的这个清偿协议实际上并没有偿还全部贷款。如果我们按4.25%的贴现率计算这个债务清偿的现值，那么我们相当于免除了20%的债务量。然而，这个清偿协议完全是按照我们对英国偿债能力的估计值制订的。此种做法为以后以偿债能力为清偿标准开创了先例，而随后那些比英国偿债能力弱很多的国家并没有按照这个标准去偿付。"

第一个偿还债务的国家是芬兰，它是在战后才进行借贷的。在美国的主要债务国中，英国是最先还债的，因为英国急着恢复英镑的金本位。为了达到这个目的，它在与美国财政部达成清偿协议后，从华尔街借了价值3亿美元的黄金。

"在和平时期，最大的一笔用于援助外国的银行信贷在纽约正式签订。这是一笔金额3亿美元的信贷，是1年前借给法兰西银行的信贷额的3倍。在这笔借给英国的信贷中，2亿美元来自纽约联邦储备银行，私人银行摩根大通提供了另外的1亿美元。这笔信贷的接受方是英格兰银行，而后英国政府经由英格兰银行获得贷款。这笔信贷的目的是帮助英国恢复金本位制，以支持英国政府维持英镑币值的努力。美国人知道，纽约联邦储备银行将会得到财政部的批准在公开市场上购入英镑。"——摘自《纽约时报》1925年4月29日报道。

此前一天，英国财政大臣在下议院发表了关于财政预算案的演说，他讲道："虽然我们坚信足以用自己的新资源来达成这个重要的变革，但是为了确保万无一失，在必要的情况下，我已安排从美国借入至少3亿美元的信贷，如果还有需要的话，我们会借入更大的金额……这些从大西洋彼岸借来的大量信贷是为了向全世界的各类投机者发出警告，如果他们试图扰乱英国目前建立的金平价（gold parity），那么他们将遭到强力的还击，我们将动用这笔准备金对其进行打压。"

在随后的两年里，其他三个主要债务国——法国、意大利、比利时，继续无视华盛顿世界大战外债委员会的存在，无视美国财政部手中持有的期票，继续在华尔街从美国的私人放贷者那里大肆借贷。

---

1 金平价：指在金本位制下，货币的汇价应该等于货币的含金量之比。金平价是金本位制度下汇率决定的基础。如1英镑含2克金，1美元含1克金，则1英镑等于2美元。——译者注

"根据管理办法，在债务国与我们达成协议解决债务之前，财政部决定拒绝任何债务国在美国的金融市场借钱。"——摘自美国财政部部长致总统的一封信，见财政部1926年报告第214页。

这就是说，美国政府宣布，任何拒不承认欠美国财政部债务的国家将无权从美国的私人手中借钱，包括该国政府及其公民。在此之后，如果这些政府及其公民再来华尔街寻求新的贷款，那么华尔街将不得不对他们说："抱歉，你得先去美国财政部一趟。"

在这一措施下，他们只好前往华盛顿。在接下来的两年里，外债委员会非常繁忙。当他们偿还了美国财政部的债务后，原先的禁令随即取消，他们又开始在华尔街借贷。意大利在华盛顿与财政部约定以每美元26美分的价格偿还债务后，又从华尔街以市场价借走1亿美元的信贷。最后一个前来偿还债务的是法国，时间是1926年。而最后一个尚未还债的国家是南斯拉夫。

所有债务国均未全额偿还债务。这些债务国都把一份关于其自身状况和资源的报告递交给外债委员会，而后外债委员会根据这些报告，得出了各个国家所能支付的估算值。我们假定美国的债务国都能全部偿还本金，为此我们把62年逐年偿还的款项（第一年的偿还额很小）分为本金和利息（利息很低或者只是象征性的）两部分，以便在偿还本金那一栏里能显示收到的金额。但是这些偿还协议中，美国财政部通过自由公债进行筹款所花费的成本要高于这些协议中收取的利息。这些债务偿还协议的大概结果是，除英国外，我们只能收回战后借出的贷款本息。

"让我们看一看债务清偿协议所带来的负担与我们在战后借出的贷款之间的联系。就英国来说，它在战后欠美国债务的本息总额为6.6亿美元，而整个债务清偿的现值为32.97亿美元。请记住，在美国借给英国的贷款中，有很大一部分被用于纯粹的商业用途，而不是战争目的。

法国在战后欠下的债务本息额是16.55亿美元。贝伦杰（Bellenger）大使与美国债务基金委员会（American Debt Funding Commission）商定的偿还协议中的现值是16.81亿美元。

比利时在战后欠下的债务本息额是2.58亿美元，而偿还协议中的现值是1.92亿美元。

意大利的情况也类似。意大利在战后欠下的债务本息额是8亿美元，偿还协议中的现值是4.26亿美元。塞尔维亚也是如此。"——摘自美国财政部部长1926年年度报告，第261页。

然而，只有加上利息，我们与债务国约定的年偿还额的现值或者现金价值才算得上是准确的数值，才会像利润表一样不容置疑。财政部部长所提到的上述现值仅仅是指这些清偿协议在一种理想的情况下所拥有的价值。这种理想的情况是，美国财政部可以找到一个用现金买下全部外国政府债务的人，一个拥有这笔巨额资金的假想投资者，而且相信他每年都能按时收到还款，直至债务全部还清为止，还要收取62年每年4.5％的利息款。只有这么算，英国才说得上在清偿债务的时候借的每一美元还了80美分，法国借的每一美元还了50美分，意大利借的每一美元还了26美分。

这些清偿协议备受争议。有些人指责这些协议太过宽松，有些人指责这些协议太过苛刻，而另外一些人指责这些协议不太公平。支持免除债务的那些人抨击得最为厉害，他们觉得这些协议简直是在抢劫。

"人们认为外债委员会在谈判中并未表现出宽宏大量。毫无疑问，与意大利签订的清偿协议是非常宽松的，与法国签订的清偿协议也不算苛刻，因为法国仅需偿还战后的债务本息，利率为5％。法国媒体承认综合考虑所有因素，英国和法国签订的协议比美国和法国签订的协议带来的负担更重。哥伦比亚大学的教授们并未对协议的优待与否给予具体评估，但是人们倾向于认为美国是苛刻的。

　　哥伦比亚大学的教授们抱怨美国没有对所有债务国一视同仁——与英国的协议是偿还现值的80％，而与意大利的却仅为现值的26％。难道为了公平起见，他们打算提议把意大利的还款额提高到与英国一致的水平吗？显然，这种负担是意大利承受不起的。难道他们打算提议把英国的还款额降低到50％，而把意大利的提高到50％吗？这样英国还款确实没什么负担了，但是意大利还是无力还债。难道他们打算提议把英国的还款额降至与意大利一致的26％，使得英国毫无还债压力吗？如果他们想的是最后一条建议，那么凭什么意大利不能说它的26％还款额应该被降低为0，因为我们没有向某些国家索要任何债务，例如亚美尼亚（Armenia）。"——摘自世界大战外债委员会委员兼参议员斯穆特（Smoot）先生于1926年12月20日写给哥伦比亚大学某教授的信函。

　　然而到头来，这些偿还协议并没有解决问题。和以前一样，欧洲还是继续指责美国想要索回战争债务，这种指责未曾停歇过一天。唯一变化的地方是，这些指责变得更加激烈了。在签订清偿协议前，欧洲人说如果非得要欧洲还债的话，那么欧洲会因此而毁灭。而在协议签订后，各国准备还款时，他们说欧洲正在逐步走向灭亡。

　　正是在美国信贷的帮助下，英国才能在1925年恢复了英镑的金本位制。时任参议院金融委员会主席的参议员斯穆特说道："英国在平衡国际贸易逆差后，英镑汇率回归平价，余下来的钱比每年还给美国的钱还要多。"

然而，仅仅几个月前，英国财政大臣再次在下议院发言，在预算演讲中戏剧性地提及"大西洋两岸间的这些巨额信贷"的用途和价值，并讲了以下这番莫名其妙的话：

"当法国和意大利在偿还欠我们和美国的债务时，当其他小国在偿还它们欠下的债务时，很明显，美国将直接或间接地从这些赔款中收取债款，获得意大利的赔款抵偿款，获得英国以及由英国经手的法国赔款和意大利赔款，这是到目前为止最大的一笔款项，至少占到德国赔款总额的3/5。接下来发生了不同寻常的事情：在所有这些链条的传递下，还债压力会迫使赔款流出被战争摧残的欧洲国家，这些赔款会络绎不绝地越过大西洋，流向那个繁荣富足的伟大共和国（指美国）。所有负责任的美国人或者欧洲人都知道这些事实。"

财富络绎不绝地从被战争摧残的欧洲流向美国——这是不对的。

这位英国财政大臣在演讲时，心里应该清楚，美国财政部每收回1美元的战争债，华尔街就要向欧洲借出3美元的贷款。所以说，资本应该是大量地从美国向欧洲流失才对。人人皆知的真实情况是，德国用来偿还赔款的是来自美国的贷款。完全是因为德国从美国借来了私人贷款，才使它能向法国、英国、意大利、比利时以及其他国家支付战争赔款。我们光是借给德国的贷款总额就超过了财政部从上述国家收回的战争债数额的2倍多。然而英国财政大臣的演讲可能向世界传递了一条充满怨恨的信息：美国正从被战争破坏的欧洲国家收取赔款。

正是这些严重扭曲事实的话让欧洲人对我们恨之入骨。而由于欧洲人的憎恨，许多美国人开始说道："不管对错，我们都不能再向它们索要战争债了，这会招来更多的敌意。"也就是说，我们应该为获得欧洲人的善意支付金钱。如果我们真的这么做了，最终战争债只是一个托词而已，这对我们来说简直就是个天大的笑话。

"最后，哥伦比亚大学连同普林斯顿大学的教授们一同敦促美国人民重新考虑与盟国间签订的债务偿还协议，'因为我们的欧洲盟国越来越憎恨美国了'。我很想知道欧洲国家到底是不是像某些人说的那么憎恨我们。但是我知道如果它们确实憎恨我们，那么就算免除它们那部分尚未被取消的债务，也无法让它们对我们产生好感。无论是在国际关系中还是个人生活中，好感都不是用钱就能买到的。从历史上看，一个国家几乎不可能通过牺牲自己的正当利益来换取或者维持其他国家的尊重。"——摘自美国财政部部长梅隆先生在1927年3月15日写给普林斯顿大学某教授的一封信。

最终，这些原因——旧世界式的政治误解；美国人担心欧洲人憎恨他们；那些借过私人贷款给欧洲的美国人私下里希望以牺牲美国纳税人的利益为代价取消战争债，他们倾向于赞同欧洲的言论——综合起来让这个话题变得如此不理性，以至于几乎所有主流假设都与事实不符，所有的事实都变得令人无法相信。很明显，有许多美国人似乎认为偿还战争债的负担对债务国来说过于繁重。但是我们对这些负担的大小该怎样衡量呢？

"根据协议，英国年均还款额占其国际贸易总额的1.9%，比利时是0.88%，意大利是2.87%，法国是2.64%；英国年均还款额占其国民收入的0.94%，比利时是0.8%，意大利是0.97%，法国是1.47%。"——摘自美国财政部部长于1926年3月20日提交给国会筹款委员会的报告。

上述是1926年时的比例。此后，随着欧洲对外贸易的发展以及主要欧洲国家国民收入的增加，这些比例都相应有所下降。在当前的世界经济大萧条中，情况也许会有所变化，但这种变化并不正常，因为大萧条本身就不正常。

在与欧洲债务国签订还款协议后的5年里，美国财政部平均每年收到的还款总额是213，523，120美元。在1931年，要不是延期偿付债务的话，美国大概可以收到2.5亿美元的还款。这些还款对欧洲来说根本不会造成灾难性的影响。其中，英国还了1.65亿美元，法国还了不到4千万美元，意大利还了不到1500万美元，比利时还了不到750万美元，波兰还了不到650万美元，其他债务国的还款少之又少。在所有债务国中，英国还得最多，因为它的实力最强。对于英国来说，这笔还款还不到其海外投资收益的1/10，大致相当于每个英国人向美国财政部支付了3.5美元的债务，而英国1928年时的海外投资收益是人均29美元（以上数据来自《国际贸易与收支平衡备忘录》，国际联盟，1927—1929年，第二册）。

除此之外，还存在其他的衡量方式。

英国与美国财政部在1923年商定的偿还协议中的债务现值稍大于32.5亿美元。自从那时起，伦敦金融市场为外国新发行的资本证券规模达到了45亿美元。而自从偿付战争债时起，英国就开始加大对海外的投资力度，投资增加额比与美国财政部签订的清偿协议中的债务现值还要大。

法国与美国财政部在1926年商定的偿还协议中的债务现值是16.55亿美元（数据来自美国财政部1926年年度报告，第261页）。自从那时起，法兰西银行的黄金储备量增加了20亿美元。也就是说，仅法兰西银行的黄金增加量就比法、美两国签订的偿还协议中的债务现值还要多3.45亿美元。1931年，法兰西银行在纽约的黄金余额相当于法国欠美国财政部债务本金现值的1.5倍。

美国让其债务国按照自身的偿还能力，而不是按照合同偿还债务的后果之一就是，所有债务国都声称自己没钱。人性本就如此，因为它们是在做交易。它们的贫困声明越让人相信，它们从美国外债委员会那获得有利于自己的交易机会就越大，这是很容易理解的。外债委员会尽可能仔细地对这些声明进行审核，但委员会了解债务国经济状况的依据是从债务国自己上报的数据中得来的。而且，这些贫困声明被美国和欧洲媒体的宣传以及各种国际场合的演讲所鼓吹，多少有些夸大，这是不可避免的。此外，当时人们对世界的复苏能力普遍不看好。一种新力量在推动世界复苏，只有战争中那巨大的毁灭力量才可以与之相比，同样巨大的力量现已投入到重建世界中去。

当前欧洲的贫困要么是停留在政治层面上的，要么是虚构出来的，正如偿还美国财政部的债务会给它们带来灭顶之灾或是由于与美国对比会产生嫉妒的想法一样，这些全都是虚构的。就欧洲自身来说，它要比以往任何时候都富裕，生活水平比战前提高了很多，以至于倒退到战前水平是令人难以置信的。法国拥有更多的黄金储备，英国的投资也大幅增长。整个欧洲拥有更强大的物质力量和设备，因而可以创造更多的财富。

从某方面来看，1925年是战后经济发展的一个转折点。欧洲的工业生产很可能在这一年达到了战前水平，世界贸易总量首次超过1913年时的水平，先前的经济调整为1925—1929年这5年的经济快速发展做好了铺垫，下表很好地反映了这一点。

国家工业生产指数

国家	1925年	1926年	1927年	1928年	1929年
法国	100	116	102	119	130
德国	100	95	120	102	122
波兰	100	98	123	138	138
英国	100	77	111	105	113
美国	100	104	102	107	114

1925年后经济活动的主要动力来自工业技术、农业和制造业管理方面的巨大进步。同样起重要作用的是汽车和电力的广泛使用，这推动了交通及通信工具的进步。值得一提的是，几乎所有国家都开始逐步稳定它们的货币，国际商业性信贷的规模不断扩大。

"当然，这种进步并不是普遍的或同步的。欧洲的发展要远超其他大洲。在1925—1929年期间，欧洲的半制成品产量以每年4.5％的速度递增，而其他大洲的年均增长率还不到2.25％。甚至这些数据都低估了欧洲的发展速度，因为在1925年，欧洲的产量颇丰。于是到了1929年，欧洲重获了数年前所失去的，并且大体上恢复了欧洲在战前与世界所保持的平衡。"——摘自《世界经济大萧条的过程和阶段》，国际联盟，1931年。

最后，在美国于宣布延期偿付战争债前，欧洲各国欠美国财政部的债务负担从来没有真正给它们带去过影响，因为这些债务国从美国私人手中借入的新贷款远远超过了它们给美国的还款。它们在还钱给美国财政部的同时，又迅速地从华尔街借钱。这种情况会一直持续下去，因为美国借给欧洲的贷款每年都会高于欧洲偿还给美国的战债，所以说，偿还债务的压力从来都没有真正影响过它们。

它们的负担并不是债务的多少，真正的困局出现在心理层面。为了更好地理解这一点，我们需要考虑旧世界的外交方式、控制他国的欲望、错综复杂的政策方针以及阴谋诡计。所有的政治协议都是复杂的，所有的谈判也是如此。旧世界没有单纯的事实。

美国自认为战争债只涉及美国财政部和各个债务国，一直单纯地认为这与政治无关。然而，这些债务问题被卷入了欧洲的政治谈判。例如，我们主要的债务国和德国在为如何分配美国财政部进一步免除的欧洲债务而争论不休。这种政治

纽约人在华尔街的分析师办公室购买新发行的政府债券，为联邦战争提供资金。

谈判体现在杨格计划"特别条款"的第2条上，其文本是"专家委员会对于赔款的报告"。该报告由伦敦皇家出版社于1919年6月出版，内容如下。

"2.对于债权国做出的任何有关战争债的免除，在对物质和经济条件进行权衡后：

在前37年——

（a）德国享有的债务减免额应该达到2/3，在它此后每年的还款中扣除；

（b）德国的债权国应享有余下的1/3债务减免额。"

也就是说，如果美国政府减免或完全免除欧洲剩余的战争债务，减免额的2/3归德国所有，德国可以在赔款时不必付这笔钱，而余下的1/3归德国的债权国所有。或者说，我们每免除我们的债务国1美元，它们就会免除德国66.67美分。这种有趣的分配方式是如何达成的，或者这背后是否有什么幕后交易，我们无从知晓。

五

> 向没有偿还能力的人索要债款，无异于欺诈。
>
> ——普布里乌斯·西鲁斯（Publilius Syrus）

著名的贝尔福备忘录对美国来说太不公平了，它是欧洲外交的一把锋利的"双刃剑"。在外交方面，它的重要性无疑超过了任何仇视美国的观点。当英国财政大臣就战争债问题发表演讲，说美国正向被战争摧残的欧洲索取赔款时，我们理解的是其直接含义，法国却从中解读出了其间接的政治意味。英国更倾向于支持德国吗？如果法国确实这么认为，那么它很有可能会改变对德国的论调。英国对法国有一套政策，对德国另有一套政策，而法国对英国和德国也有不同的政策，德国也对英国和法国各有一套政策，等等。在所有这些纠缠中，欧洲欠美国财政部的债务或多或少地纠缠其中。

然而，最重要的是，欧洲所有国家都对债务抱有相同的态度，这让我们很难理解。其中的原因很可能不仅仅是因为憎恨债务，也不会像宣传者一直鼓吹的那样，即他们始终认为这些债务是不道义的，而是他们对美国突然崛起为世界第一大国感到愤恨不平。不管怎样，这些注定要发生，其实在战争期间就已经发生，这便是欧洲人心中的联盟。这件事甚至大过战争本身。

对欧洲来说，这场战争没有什么新颖的地方，除了规模大点以外。战时的敌人曾是战前的盟友，而战时的盟友曾是战前的敌人，只有战争带来的创伤是新的。但是在欧洲历史上第一次出现了一个非欧洲大国（指美国）出于自身原因而介入欧洲事务，对欧洲争论的问题做出裁决。美国这样做不是为了征服欧洲，也不是为了夺取钱财，仅仅是因为它无法再忍受欧洲喧嚣不止的争吵。它想要为世界营造一个安全的环境，想要为中立国创造一片安全的海域，徒劳地想要把和平强加给欧洲。然而，美国所有这些努力都失败了，它输在了谈判桌上。它不但被旧世界的外交手段打败了，还暴露了自己的力量。很长时间以来，欧洲都拥有世界强权，从未受到过挑战。当它们还在为哪个欧洲国家该掌握世界强权争论不休的时候，权力却从它们身边溜走了。它跑到了另一块大陆上，一块无法被征服的大陆上，由此世界政治中心转移了。如果说在开战之后，欧洲通过外交手段，通过所有外交技巧和经验，寻找到了和抓住了这个新兴大国的软肋和弱点，以此获利的话，那么我们唯一可以预料到的是，是债务让其从中得利。这些债务也是对欧洲已经失去特权的警示。

不管怎么说，所有的主要债务国政府都勉强签订了偿债协议，但是它们从一开始就对欠美国财政部的债务抱有一种想法。这种想法既不是关于如何偿还债务本身的，也不是关于怎样才能拒还债务的，而是旧世界的外交正面临着一个问题。当然，拒绝偿还债务很简单，我们也无法对债务国做出任何处理，没人能威胁到它们。不幸的是，这样做是非常不明智的，原因有两个。第一，正如它们所看到的那样，如果拒绝偿还战争债的话，它们就无法从美国借到私人贷款，它们就无法继续在华尔街借钱。第二，拒绝还债会在世界上开创一个危险的先例。英法两国在海外有着巨额投资，英国的海外投资很可能超过200亿美元。由于害怕给债务人树立反面的榜样，它们不能拒绝还债。不过德国可以这么做。

因此，欧洲的债务管理政策升级了，但始终没有改变过。这不仅仅是英国的政策，也不仅仅是法国的政策，更不仅仅是英法两国的政策，这是整个欧洲的政策。其目的就是通过政治上的绝招抹去这些战争债。免除战争债的宣传并不是这个政治上的绝招，这只是准备阶段。真正的招数是和美国政府签订一份协议，规定债务国在其能力范围内偿还债务，但有个前提，即德国向它们支付赔款。如果德国停止向它们支付赔款——德国当然会这么做，那么它们就不再向美国偿还债务。

美国政府一贯坚持认为战争债和德国赔款没有关系。然而，欧洲始终坚持自己的论调，依靠时间、事态的变迁以及外交技巧把这两者联系起来。